Ingrid Schlechta

Köstliche Wildfrüchte
und Wildgemüse

Ingrid Schlechta

Köstliche Wildfrüchte und Wildgemüse

Das neue Bildkochbuch für alle Sammler
von Beeren, Kräutern, Wurzeln,
Baumfrüchten, Pilzen und anderen
Köstlichkeiten der Natur

Gräfe und Unzer

Ingrid Schlechta,
geboren in der Münchner Vorstadt, ist von Kindheit
an vertraut mit allem, was hinter Gartenzäunen, an
Hecken und Feldrainen, auf Wiesen und Äckern und
in den Wäldern Eßbares wächst. Ihrer schlesischen
Großmutter dankt sie die ersten Kenntnisse über
Pilze, Beeren und Kräuter. Nach Abschluß des Wirt-
schaftsgymnasiums wandte sie sich zunächst einer
prosaischeren beruflichen Tätigkeit zu, bis sie es
schaffte, ihr Hobby zum Beruf zu machen. Sie absol-
vierte die Heilpraktikerfachschule und war Assisten-
tin des Heilkräuterexperten Josef Karl. Heute arbeitet
sie als Heilpraktikerin; außerdem leitet sie Kräuter-
exkursionen und Wildpflanzenkochkurse an der
Volkshochschule.

Die Farbfotos auf dem Einband zeigen auf der Vorderseite:
Löwenzahnsalat mit Gouda und Walnüssen, Rezept Seite 63,
Hagebuttenauflauf und Hagebuttenmarmelade, Rezepte Seite 78,
Kastaniensuppe, Rezept Seite 54;
auf der Rückseite:
Steinpilze italienischer Art, Rezept Seite 96, Vogelmierebrötchen,
Rezept Seite 102, Schlehengelee und Pikant eingelegte Schlehen,
Rezepte Seite 91 und 92.

Die Umschlagfotos gestalteten Susi und Pete A. Eising, München,
mit Ausnahme der Kastaniensuppe auf der vorderen Umschlagseite,
die vom Teubner-Studio, Füssen, aufgenommen wurde.
Die Rezeptbilder des Innenteils fotografierten Susi und Pete
A. Eising, die Seiten 35, 48 und 55 das Teubner-Studio, Füssen, und
C. P. Fischer, Baldham die Seiten 75 und 85.

© Gräfe und Unzer GmbH, München
Nachdruck, auch auszugsweise, sowie Verbreitung durch Film, Funk
und Fernsehen, fotomechanische Wiedergabe und Tonträger jeder
Art, nur mit Genehmigung des Verlages.
Redaktion: Dr. Renate Zeltner
Einbandgestaltung: Heinz Kraxenberger
Offsetreproduktionen: Brend'amour, Simhart & Co., München
Satz und Druck: Druckerei G. Appl, Wemding
Bindung: Conzella Verlagsbuchbinderei Urban Meister, München

ISBN: 3-7742-5032-4

Inhalt

Unterwegs auf den Märkten der Natur

Selbstgesammelt – selbstgekocht

Rezepte mit allerlei Zutaten aus Wiese, Wald und Feld

Gemüseernte in Feld, Wald und Wiese

So findet man die feinen Wildgemüse

Wildgemüse und -kräuter braucht man eigentlich nicht zu suchen – man muß sie nur erkennen. Pflanzen wachsen überall, selbst in der Großstadt sprießen sie zwischen Pflastersteinen hervor. Viele Pflanzen, die wir »Unkraut« nennen und verächtlich übersehen, sind wertvolle Gemüse- und Heilpflanzen.

Bei meinen Kräuterwanderungen erwarten die Teilnehmer meist, an unberührte Plätze weit draußen vor der Stadt geführt zu werden. Suche ich dann mit ihnen so wenig idyllische Gegenden wie aufgelassene Kiesgruben, stillgelegte Bahngleise oder andere triste und vernachlässigte Örtlichkeiten auf, ist das Erstaunen zunächst groß. Gerade solche Plätze weisen aber einen ungewöhnlichen Reichtum an eßbaren Pflanzen auf, und sie sind vor allem weitgehend verschont von Kunstdünger, Insekten- und Unkrautvertilgungsmitteln.

Zieht man weiter hinaus vor die Tore unserer Städte, also aufs Land, so sind es vor allem Flußauen, kleine Bachläufe und sonnige Waldränder, die reiche Ernte versprechen. Die Ränder stark befahrener Straßen sollte man meiden, dort haben Abgase und Blei die Pflanzen verschmutzt und vergiftet. An Feldrändern muß man mit Rückständen von Chemikalien rechnen, wie sie heute fast überall und überreichlich zum Pflanzenschutz der Ackerfrüchte verwendet werden.

Wenn Sie selbst einen Garten besitzen, haben sie mit vielen »Unkräutern« schon Bekanntschaft gemacht. Ärgern Sie sich in Zukunft nicht mehr darüber, sondern ernten Sie! Die einzige Mühe, die es kostet: Man muß mitansehen können, wie sich der Rasen in eine Wiese verwandelt und hier und da einem außerplanmäßigen Pflänzchen unter einer Hecke oder in einer Gartenecke eine Chance geben. Jeden Salat, jedes Gemüse kann man dann durch die »Wilden« vor der eigenen Haustür zusätzlich aufwerten.

Natürlich muß man sich zunächst einmal vergewissern, um welches Kraut es sich da handelt, doch allzu große Angst ist überflüssig. Giftig unter den weitverbreiteten Gartenunkräutern sind lediglich alle Hahnenfußarten; sie werden sogar von den Kühen auf der Weide gemieden.

Wildsalate und -gemüse sammelt man meistens schon vor der Blüte. Viele werden später bitter, andere verlieren ihren typischen Geschmack. Als Anfänger ist man allerdings in vielen Fällen auf die Blüte als wichtiges Erkennungs- und Unterscheidungsmerkmal angewiesen. Dann prägt man sich die übrigen Merkmale, besonders Blattform, Farbe, Äderung und eventuelle Behaarung gut ein und kann im nächsten Jahr schon vor der Blütezeit ernten.

Besondere Vorsicht ist bei den weißen Doldenblütlern geboten. Ihre Blüten sind sich alle sehr ähnlich und können deshalb nicht als Unterscheidungsmerkmal herangezogen werden. Der giftige Schierling und die ebenfalls tödlich giftige Hundspetersilie gehören zu dieser Familie. Um die eßbaren weißen Doldenblütler sicher bestimmen zu können, muß man ihre Blattform und ihre Stengel ganz genau kennen (in diesem Buch abgebildet: Giersch, Wiesenkerbel, Wilde Möhre).

Wildgemüse können in Körben oder Papiertüten gesammelt werden. Die beste Erntezeit ist der Vormittag. Um sie vor dem Austrocknen durch starke Sonneneinstrahlung zu schützen, bedeckt man sie mit einem Tuch. Brunnenkresse und Bitteres Schaumkraut sammeln wir ausnahmsweise in Plastiktüten, so behalten sie ihre Feuchtigkeit. Alle übrigen Pflanzen werden nur in trockenem Zustand gesammelt.

Ratschläge für die Zubereitung

Was machen wir mit unserem Sammelgut, wenn wir es nach Hause gebracht haben?

Für die Verwendung von frischen Wildgemüsen gibt es mehrere Möglichkeiten: Man kann daraus Salate, Gemüse oder Frischsäfte zubereiten.

Zunächst werden die Pflanzen gewaschen und verlesen, gelbe oder angefressene Teile entfernt. Sind die Blätter durch den Transport zusammengefallen, so legt man sie in kaltes Wasser, dem man etwas Biosmon (Mineralsalz aus dem Reformhaus) zugefügt hat. Nach 20 Minuten sind sie wieder so frisch und knakkig, daß man daraus einen appetitlichen Salat zubereiten kann. Verwendet man die Pflanzen für Gemüse, ist diese Prozedur überflüssig, denn sie fallen beim Kochen ohnehin wieder zusammen.

Wurzeln werden sauber gewaschen, abgeschrubbt und eventuell geschabt.

Für Frischsäfte verwendet man die ganze Pflanze einschließlich der Stengel, denn diese sind meistens sehr reich an Saft. Leicht angewelkt, aber nicht zu trocken lassen sie sich besonders gut auspressen, weil die Zellwände etwas brüchig geworden sind.

Haltbarmachen und Aufbewahren

Wildgemüse kann man, in ein feuchtes Tuch eingeschlagen, 1–2 Tage im Kühlschrank frischhalten. Will man sie länger aufbewahren, so ist vor allem das Tiefgefrieren zu empfehlen. Die sauber gewaschenen Blätter werden von harten Stielen befreit und kurz in kochendem Wasser blanchiert. Gut abgetropft füllt man sie in Tiefkühlbeutel oder -boxen. Die Behälter sind sofort mit Namen und Sammeldatum zu beschriften, um spätere Verwechslungen zu vermeiden. Auch pürierte Wildgemüse können eingefroren werden. Für Salate sind eingefrorene Wildgemüse allerdings nicht geeignet.

Eine weitere Konservierungsmöglichkeit bietet die milchsaure Gärung. Am besten kennt man dieses Verfahren vom Sauerkraut.

Man läßt die Kräuter zunächst locker ausgebreitet über Nacht etwas anwelken. Sie sollen 25–30 Prozent ihres ursprünglichen Gewichtes verlieren. Dann dreht man das angewelkte Gemüse durch den Fleischwolf oder hackt es sehr fein. Der Brei wird in Gläser mit Schraubverschluß oder in Weckgläser gefüllt. In guten Haushaltsgeschäften erhält man Steinguttöpfe mit Wasserrille, die speziell für das Einlegen von Gärgemüse entwickelt wurden. Mit einem Kartoffelstampfer wird nun das Gemüse so fest in das Gefäß gedrückt, daß es keine Lufteinschlüsse mehr darin gibt. Die Gefäße müssen bis auf einen Fingerbreit vom oberen Rand gefüllt sein. Verwendet man Gläser mit Schraubdeckel, dreht man sie nur locker zu. Es soll keine Luft von außen eindringen, aber die beim Gären entstehenden Gase müssen entweichen können. Andere Deckel legt man locker auf und beschwert sie mit einem Brettchen und einem faustgroßen Stein. Für die Gärung, die etwa 14 Tage dauert, ist eine Raumtemperatur von 20–25 °C erforderlich. Danach sollten die Gefäße in einen kühlen Raum (etwa 12 °C) gestellt werden. Sie werden wie üblich mit Inhalt und Datum beschriftet. Am besten klebt man den Zettel auf den Deckel, sonst wird er durch herunterlaufenden Saft unleserlich. Bei der Verwendung nimmt man die oberste Schicht ab, sie ist meistens unbrauchbar. Bei eingesäuertem Gemüse bleiben Vitamine und andere wertvolle Inhaltsstoffe weitgehend erhalten.

Frischsäfte aus Wildgemüsen

Eine Frühjahrskur empfiehlt sich für jeden, der nach langem Winter eine Anregung der Drüsen, besonders der Niere und der Leber, gründliche Entgiftung durch Ausscheidung von Stoffwechselschlacken und Kräftigung des Organismus durch Zuführung von Vitalstoffen erreichen will. Chronische Krankheiten und Organschwächen können dadurch oft merklich gebessert werden.

Wenn im Frühjahr die Kräuter frisch aus der Erde sprießen, sollte man sich die gesundheitsfördernde Wirkung der wertvollen Heilpflanzen zunutze machen. Die meisten wachsen gleich um die Ecke. Ein Indianersprichwort sagt: Die Pflanzen, die du am nötigsten brauchst, wachsen vor deiner Tür. Frisch gepreßter Kräutersaft ist in der Wirkung jeder anderen Zubereitungsart überlegen, da hier alle Wirkstoffe und Vitamine voll erhalten bleiben. Die beste Zeit für eine Saftkur sind die Monate April und Mai. Für blutreinigende Frühjahrskuren empfehlen sich folgende Wildpflanzen:

Bärlauch
regt Magen und Darm an; günstiger Einfluß auf die Blutgefäße zur Vermeidung von Arteriosklerose; hoher Vitamin-C-Gehalt

Brennessel
zur Nierenfunktionsstärkung, blutreinigend, entschlackend; gegen unreine Haut

Giersch oder Geißfuß
blutreinigend; besonders günstige Wirkung bei rheumatischen Erkrankungen und Gicht

Löwenzahn
hervorragendes Heilmittel für Leber und Galle; günstige Wirkung bei Diabetes; nierenfunktionsstärkend

Schafgarbe
appetitanregend, fördert den Gallefluß; gegen Stauungen im Beckenraum

Spitzwegerich
blutreinigend; gegen chronische Erkrankungen der
Luftwege; stärkt das Bindegewebe

Pro Eßlöffel Kräutersaft benötigt man 3 Handvoll
Kräuter. Zur Geschmacksverbesserung und besseren
Verträglichkeit mischt man ihn im Verhältnis 1:5 mit
Wasser, Buttermilch, Karotten- oder Tomatensaft.

Die Kräuter werden gewaschen, gehackt und
1–2 Stunden in wenig kaltem Wasser eingeweicht.
Am einfachsten gewinnt man den Saft mit dem elek-
trischen Entsafter. Etwas mühsamer ist das Auspressen mit einer Handpresse oder durch ein Mullsäck-
chen.
Der Saft muß täglich frisch gepreßt werden. Man
kann die Kräuter jedoch für 1 Tag im voraus pflücken
und die Portion für den nächsten Tag in ein feuchtes
Tuch gewickelt im Kühlschrank aufbewahren.
Eine Frühjahrskur mit Frischkräutersaft sollte
2–3 Wochen dauern. Beim Brennesselsaft fängt man
mit 1 Eßlöffel pro Tag an und steigert langsam bis auf
7–10 Eßlöffel, dann geht man Tag für Tag wieder um
1 Eßlöffel zurück.
Vom Gierschsaft nimmt man 1–2 Eßlöffel täglich.
Von Bärlauch, Löwenzahn, Schafgarbe und Spitzwegerich genügt 1 Teelöffel bis 1 Eßlöffel pro Tag. Die
Säfte können auch untereinander gemischt werden,
jedoch sollte man sich nicht zuviel vornehmen. Wich-
tig ist, daß der Saft täglich getrunken wird.
Bei empfindlichen Personen kann eine Frischkräuter-
Saftkur eventuell starke Reaktionen (Hautausschlag,
Durchfall) auslösen. In solchen Fällen sollte man die
Dosierung zurücknehmen oder notfalls die Kur ganz
absetzen. Leichte Reaktionen sind jedoch oftmals ein
Zeichen dafür, daß die Kur „anschlägt". Wer unter
Allergien zu leiden hat, sollte vor Beginn der Kur die
Zustimmung seines Arztes einholen.

Wildfrüchte zum Selbersammeln

Die Beerenernte wird eingebracht

Natürlich darf man nur Beeren sammeln, die man genau bestimmen kann. Daran, ob Vögel eine bestimmte Art verzehren oder nicht, kann man ihre Genieß-
barkeit für den Menschen nicht erkennen. Zum Glück
gibt es bei den Beeren wenig Verwechslungsmöglichkeiten. Alle Beeren, ob giftig oder eßbar, haben jedoch gerade für Kinder durch ihre Farbe und ihren
Glanz einen besonderen Reiz. Hält man sich mit Kindern zur Beerenzeit in der freien Natur auf, so sollte
man immer ein Auge auf sie haben. Das gilt besonders, wenn in der Umgebung von eßbaren Beeren, wie
zum Beispiel Brombeeren, auch giftige wachsen, etwa
Tollkirschen. Die besonders feinen, saftigen Beeren
wie Walderdbeeren, Himbeeren, Heidelbeeren und
Brombeeren sind den meisten von uns noch aus der
Kindheit in Erinnerung. Man verspeist sie am liebsten
gleich an Ort und Stelle. Um die köstlichen Früchte
bis nach Hause zu bringen, braucht man viel Stand-
haftigkeit und einen geeigneten Behälter.
Für saftige Beeren eignen sich am besten Körbe oder
Eimerchen mit einem Henkel. Darin liegen sie locker
aufeinander, ohne allzusehr durchgeschüttelt oder
zerdrückt zu werden. Sammelt man robuste Früchte,
wie Hagebutten oder Weißdornbeeren, tut's auch eine
Plastiktüte. Besonders empfindlich sind Sanddornbeeren, sie zerplatzen schon beim Anfassen leicht.
Das hat wohl dazu geführt, daß viele Leute die Zweige einfach mit nach Hause genommen haben. Der
Sanddorn ist jedoch vom Aussterben bedroht und
wurde deshalb unter Naturschutz gestellt. Das Sammeln der Beeren ist zwar weiterhin erlaubt, nicht aber
das Abbrechen von Zweigen oder das Ausgraben des
ganzen Strauches. Jeder Sammler sollte – schon in
seinem eigenen Interesse – seinen Teil zum Naturschutz beitragen. Schneidet man die Sanddornbeeren
am Stiel ab und läßt sie dabei in ein daruntergehalte-

nes Eimerchen fallen, zerdrückt man sie nicht und schont die Pflanze. Übrigens steht auch der Wacholder heute unter Naturschutz.

Vogelbeeren und Holunderbeeren erntet man in ganzen Dolden, auch sie schneidet man am besten mit der Schere ab.

Zu Hause angekommen, werden die Beeren zunächst einmal gewaschen und verlesen. Je saftreicher und empfindlicher sie sind, desto schneller müssen sie verarbeitet werden. Hagebutten und Vogelbeeren können etwas warten. Sind im Rezept runzelige Beeren empfohlen, so läßt man sie auf Packpapier ausgebreitet einige Tage an einem trockenen Platz liegen. Sie sollten öfters überprüft und umgewendet werden, damit sie nicht zu schimmeln anfangen.

Im Juni fängt die Beerensaison an. Den Auftakt machen die feinen Walderdbeeren. Bis schließlich im November die Schlehen reif sind, gibt es den ganzen Sommer über etwas zu holen für den Beerensammler. Manche Beeren schmecken roh am besten, andere gewinnen ihren Reiz erst durch die Zubereitung. Besonders aus Beeren mit herbem Geschmack und Aroma lassen sich ungewöhnliche und interessante Marmeladen, Gelees, Kompotte oder Säfte herstellen.

Dem Eichhörnchen Konkurrenz machen

Mühsam ernährt sich das Eichhörnchen … Wer ihm Konkurrenz machen will, bekommt diese Mühsal bald am eigenen Leib zu spüren. Um an die eiweiß-, fett- und mineralstoffreichen Nüsse zu gelangen, muß man oft recht lange gesenkten Blickes durch Wald und Flur streifen. Bei den kleinen Nagern sind besonders die köstlichen Haselnüsse begehrt. Obwohl bei uns überall Haselnußsträucher wachsen, wartet man oft vergeblich auf die Früchte; die Eichhörnchen kommen einem meist zuvor.

In Buchenwäldern findet man in jedem zweiten Jahr die kleinen dreieckigen Bucheckern, die in stacheligen vierzipfeligen Hüllen stecken. Sie sind zwar eßbar und haben einen angenehmen Nußgeschmack, doch sollte man von ihnen nicht zu viele verzehren, da sie einen ziemlich hohen Blausäuregehalt haben. Blausäure ist ein Gift, das die innere Atmung hemmt und vor allem in bitteren Mandeln enthalten ist. Tödliche Vergiftungen durch Bucheckern sind zwar nicht bekannt, doch soll ihr regelmäßiger Verzehr in Notzeiten schon zu Fällen von Erblindung geführt haben.

Wer in einer der wärmeren Gegenden Mitteleuropas zu Hause ist, der kann im Herbst die begehrten Edelkastanien selber sammeln und daraus die köstlichsten Gerichte zubereiten. Mit einem Stock löst man sie aus ihren stacheligen Hüllen. Reichlich stehen an vielen Orten Eicheln zur Verfügung, die Früchte der stattlichen Eiche. Daß sie nicht nur für das Wild eßbar und nicht nur für die Schweinemast geeignet sind, ist bei uns weitgehend unbekannt. Bei den nordamerikanischen Indianern waren Eicheln immer ein wichtiger Bestandteil der Nahrung. Ihre Zubereitung ist allerdings etwas umständlich, denn sie enthalten bittere Gerbstoffe, die man ihnen erst einmal entziehen muß.

Vorräte für den Winter

Natürlich wollen wir nicht nur für den Augenblick oder die nächsten Tage sammeln; wir denken bei der Beerenernte auch an die Vorratskammer und den Keller und sehen schon beim Pflücken die langen Reihen von Marmelade-, Gelee- und Saftgläsern und die mit Beeren wohlgefüllte Tiefkühltruhe vor uns.

Beeren einfrieren
Natürlich werden nur vollausgereifte, tadellose Beeren verwendet. Sie dürfen keine Druck- oder Schadstellen aufweisen. Unreife Beeren entfalten nicht ihr volles Aroma.

Beim Einfrieren bleiben Duft, Aroma, Vitamine und Mineralstoffe weitgehend erhalten. Beeren können gezuckert oder ungezuckert eingefroren werden. Gezuckert halten sie 8–10 Monate, ungezuckert nur 4–5 Monate. Für weiche Beeren eignet sich am besten Puderzucker. Auf 500 g Beeren rechnet man 50–100 g Zucker. Den Zucker streut man beim Einfüllen der Beeren am besten in mehreren Schichten über die Früchte. Die Beeren werden verlesen, in kaltem Wasser vorsichtig gewaschen, müssen gut abtropfen und werden vor dem Einfrieren auf trockenen Küchentüchern ausgebreitet.

Weiche Beeren wie Erdbeeren sind nach dem Auftauen meist matschig. Man friert sie deshalb am besten gleich püriert ein oder püriert sie unmittelbar nach dem Auftauen.

Auch frischgepreßte Säfte lassen sich gut einfrieren. Sie sind so etwa 6 Monate haltbar.

Marmeladen aus Wildfrüchten
Marmeladen kann man aus frischen, aber auch aus eingefrorenen Früchten herstellen. Sie sind nicht nur

ein beliebter Brotaufstrich, man kann daraus auch Cremes, Tortenfüllungen und fruchtige Saucen zubereiten.

Um aus frischen Früchten Marmelade zu bereiten, braucht man Pektin. Es ist in fast allen Früchten, besonders in sauren und nicht ganz reifen, enthalten. Im Handel erhältliche Geliermittel werden aus natürlichem Pektin, das vor allem in Apfelschalen reichlich vorkommt, hergestellt. Einige enthalten allerdings zusätzlich chemische Konservierungsstoffe; auf sie sollte man besser verzichten. Mit etwas Geschick kann man den Gelierpunkt abpassen und dann ganz ohne Geliermittel auskommen. Oder man mischt die Wildfrüchte mit stark pektinhaltigen Früchten wie Äpfeln (mit Schale) oder Quitten. Auch kann man die Früchte zu Mus kochen und ihnen so mehr Feuchtigkeit entziehen; sie verlieren dabei aber auch mehr Vitamine. Manche Früchte schmecken als Mus jedoch besonders gut, zum Beispiel Holunderbeeren.

Die in den Wildfrüchten reichlich enthaltenen Fruchtsäuren unterstützen die Gelierwirkung des Pektins und verhindern Gärung und Fäulnis.

Zucker (oder Honig, Zuckerrübensirup, Melasse) braucht man vor allem, um das spezifische Gewicht der Fruchtmasse zu erhöhen und so den Stoffwechsel der Bakterien zu verhindern. Das klassische Marmeladenrezept unserer Großmütter lautete: Pfund auf Pfund, also Früchte und Zucker zu gleichen Teilen.

Aus geschmacklichen wie auch aus gesundheitlichen Gründen versuchen wir heute, die Zuckermenge so weit wie möglich zu reduzieren. Auch wenn man nur halb (oder dreiviertel) soviel Zucker verwendet wie Beeren, kann man eine gute Haltbarkeit erzielen. Voraussetzung sind allerdings peinliche Sauberkeit bei der Verarbeitung und luftdichter Verschluß der Gläser. Sie müssen sehr sauber ausgewaschen sein und sollten, während man die Marmelade kocht, noch einmal mit kochendheißem Wasser gespült werden, ebenso die Deckel.

Besonders praktisch sind die handelsüblichen Gläser mit Vakuumschraubverschluß. Die Marmelade wird kochendheiß in die Gläser gefüllt, der Deckel sofort aufgeschraubt. Da heiße Luft sehr dünn ist, entsteht beim Abkühlen direkt über der Oberfläche ein luftleerer Raum, ohne daß besondere technische Vorrichtungen nötig sind. Durch dieses Vakuum im Innern des Glases wird der Deckel fest auf das Glas gesaugt. Das gleiche geschieht bei Weckgläsern im heißen Wasserbad.

Schonender ist die Zubereitung von kaltgerührten Marmeladen; sie halten sich im Kühlschrank etwa 2 Wochen.

Die frischen oder tiefgekühlten Beeren werden im Mixer püriert. Dann fügt man auf 500 g Beeren 125 g Honig löffelweise hinzu und rührt so lange weiter, bis eine homogene Masse entstanden ist, die man in kleine, heiß ausgespülte Gläser füllt. Marmeladenreste müssen sofort wieder in den Kühlschrank zurückgestellt werden.

Sirup aus Wildfrüchten

Als Sirup bezeichnet man mit Honig oder Zucker haltbar gemachten Fruchtsaft. In 1 l frisch gepreßtem Fruchtsaft löst man 300 g Honig oder Zucker auf, bringt das Ganze zum Kochen und läßt es 15 Minuten sieden. Den Schaum, der sich dabei bildet, schöpft man ab. Der heiße Sirup wird in saubere Flaschen gefüllt, die zum Temperaturausgleich auf ein feuchtes Tuch gestellt werden.

Eine andere Möglichkeit der Konservierung ist die Herstellung von vergorenem Beerensirup. Ein großes Einmachglas wird zur Hälfte mit Beeren gefüllt, dazu gibt man Zucker, bis das Glas dreiviertel voll ist. Der Zucker wird gut mit den Beeren vermischt und das Glas mit einem Baumwolltuch zugebunden, bevor man es an einen sonnigen Platz stellt. Nach 3 Monaten sind die Beeren durch einen langsamen Fermentationsprozeß vergoren. Der entstandene dicke Sirup wird gefiltert und in Flaschen gefüllt. Er enthält Alkohol und schmeckt vorzüglich, zum Beispiel als Füllung in Pfannkuchen. Besonders gut wird diese hochprozentige Spezialität, wenn sie aus Himbeeren zubereitet wird. Beide Arten von Sirup kann man mit Mineralwasser verdünnt auch als erfrischendes Getränk genießen.

Fruchtsäfte

Besonders schnell und einfach kann man Fruchtsäfte mit Hilfe des Dampfentsafters herstellen. Dabei benötigt man nur wenig Zucker zur Geschmacksverbesserung. Vitamine und Mineralstoffe bleiben durch das kurze Erhitzen weitgehend erhalten. In saubere Flaschen gefüllt und mit Gummihütchen verschlossen, halten die so gewonnenen Säfte länger als ein Jahr. Die unter Druck erzeugte hohe Temperatur gewährleistet die lange Haltbarkeit.

Pilze bereichern den Küchenzettel

Pilze wurden zu allen Zeiten als Delikatesse geschätzt. Dennoch – etwas Geheimnisvolles umgibt den Pilz, sein Reich ist das Halbdunkel des Waldes, sein Ruf seit altersher nicht gerade der beste. Immerhin wurden Pilze auch schon dazu benutzt, unliebsame politische oder persönliche Gegner auszuschalten.
Wenn man heute Jahr für Jahr in der Zeitung Meldungen über Pilzvergiftungen und Todesfälle liest, dürfte meuchelmörderische Absicht wohl auszuschließen sein. Vielmehr ist es Unkenntnis, die immer wieder zu derartigen Unfällen führt. Deshalb vorweg einige wichtige Ratschläge für die Pilzsuche und die Pilzzubereitung.

Vor Gebrauch zu lesen!

● Sammeln Sie nur solche Pilze, die Sie mit absoluter Sicherheit und mit ihrem Namen bestimmen können! Ob ein Pilz eßbar aussieht, ist kein Kriterium; auch die hochgiftigen Knollenblätterpilze bieten einen sehr appetitlichen Anblick.
● Ein gutes Pilzbestimmungsbuch sollten Sie in jedem Fall besitzen, wenn Sie sich auf die Pilzjagd machen. Um die Grundkenntnisse über Pilze zu erwerben, braucht man unbedingt eine sachkundige Person; praktische Anleitung ist kaum durch das Lesen von Pilzbüchern zu ersetzen. An vielen Orten werden Pilzführungen angeboten.
● In guten Pilzbüchern wird bei jeder Pilzart auf Verwechslungsmöglichkeiten hingewiesen. Auch wenn Sie glauben, Sie hätten das Aussehen eines Pilzes hundertprozentig im Kopf, ist es ratsam, Ihr Wissen immer wieder anhand des Bestimmungsbuches zu überprüfen. Neben giftigen Doppelgängern gibt es auch ungenießbare, bittere, wie zum Beispiel den Gallenröhrling, den man leicht mit dem Steinpilz ver-

wechseln kann. Solche Verwechslungen sind zwar meist nicht lebensgefährlich, können aber ein ganzes Pilzgericht, das mit viel Zeitaufwand und Liebe gesammelt und zubereitet worden ist, verderben.
Verlassen Sie sich nicht auf »Faustregeln«! Giftige Pilze erkennt man nicht am Geruch oder Geschmack, auch nicht daran, daß Schnecken, Maden oder sonstiges Getier sie meiden. Es ist ein alter Aberglaube, daß sich ein Silberlöffel oder eine Zwiebel beim Mitkochen mit giftigen Pilzen schwarz verfärben würden. Einzig und allein die genaue Kenntnis aller spezifischen Merkmale einer Pilzart ist entscheidend.
● Im Zweifelsfall kann man sich an eine der behördlichen Pilzberatungsstellen wenden. Doch sollte man nicht wahllos jede Pilzentdeckung einsammeln, besonders wenn schon gewisse Merkmale vermuten lassen, daß man es mit großer Wahrscheinlichkeit nicht mit einem eßbaren Pilz zu tun hat. Oft handelt es sich um botanische Raritäten, die wie seltene Blumen geschützt werden müssen. Man sollte auch bedenken, daß Pilze mit Bäumen Lebensgemeinschaften bilden. Sie sorgen für eine natürliche Düngung des Waldes, indem sie aus totem Laub und Fallholz Stickstoff und andere wichtige Nährstoffe speichern und für die Bäume wieder nutzbar machen. Auch giftige und ungenießbare Pilze haben ihre Funktion im Wald und sollten nicht umgestoßen oder zertreten werden.
● Sammeln Sie nur frische und junge Pilze! Denken Sie schon im Wald daran, daß das Gesammelte auch wirklich auf den Tisch kommen soll. Oft werden zu alte Pilze mit nach Hause genommen und wandern dort in den Abfall. Würden sie im Wald bleiben, so könnten sie durch die Verbreitung der Sporen zur Erhaltung ihrer Art beitragen. Auch Pilze, die einen Frost durchgemacht haben, sollten nicht gesammelt werden, weil sich ihr Eiweiß verändern kann. Eine Ausnahme bilden einige wenige winterharte Arten, von denen es in Bestimmungsbüchern eindeutig heißt, daß sie auch bei oder nach Frost noch gesammelt werden können.
● Wenn es trotz aller Vorsichtsmaßnahmen nach einem Pilzessen zu Vergiftungserscheinungen kommt, sollte man so schnell wie möglich ein Krankenhaus aufsuchen. Besonders gefährlich sind Vergiftungsanzeichen, die länger als 8 Stunden nach der Mahlzeit auftreten und oft gar nicht mehr mit ihr in Zusammenhang gebracht werden. Die häufigste Ursache dafür sind Knollenblätterpilze. Falls möglich, sollte man eine Kostprobe der genossenen Pilze oder die Pilzabfälle zur Untersuchung mitbringen.

Grundregeln der Pilzzubereitung

Das Putzen und Zubereiten der Pilze fängt schon im Wald beim Sammeln an. Ein richtiger Pilzsammler trägt in seinem Korb keine Erde, Moos und Tannennadeln herum. Die Frage, ob man Pilze abschneiden oder vorsichtig aus dem Boden drehen soll, ist ein alter Streitpunkt unter Pilzsammlern. Ich ziehe das Abschneiden vor, weil dabei das unterirdische Pilzgeflecht (Mycel) mit Sicherheit nicht verletzt wird. Den abgeschnittenen Pilzstumpf deckt man mit Erde oder Tannennadeln wieder zu. Der Pilz wird gleich von allen daran haftenden Verunreinigungen wie Erde, Tannennadeln und Moos befreit. Diese kleinen Teilchen haben nämlich die Eigenschaft, beim Transport in die Lamellen und Röhren zu rutschen und sind dann schwer zu entfernen. Bringt man die Pilze schon einigermaßen sauber nach Hause, so hat man beim Putzen wenig Mühe und braucht die Hüte nur kurz unter fließendem Wasser abzuspülen. Da Pilze sehr schnell heranwachsen, sind sie von Verschmutzung durch Staub weniger betroffen als Blattpflanzen.

In letzter Zeit berichtet die Presse immer wieder von einer starken Anreicherung der Pilze mit dem giftigen Schwermetall Cadmium. Die Anreicherung ist bei verschiedenen Pilzarten unterschiedlich stark. Mehrere Champignonarten speichern Cadmium stärker als andere Pilze, nicht aber Zuchtchampignons.

Pilze enthalten wenige Kalorien und viel Eiweiß, sind also kalorienbewußten Schlemmern ganz besonders zu empfehlen. Eine leichte Kost sind sie allerdings nicht. Magenempfindliche Personen sollten sie zunächst nur in kleinen Mengen versuchen und auf so schwer verdauliche Arten wie Pfifferlinge ganz verzichten. Auch ist die Verträglichkeit der verschiedenen Pilzsorten nicht bei allen Menschen gleich gut. Probiert man eine Pilzart zum ersten Mal, ißt man am besten nur kleine Mengen davon.

Pilze sollten nicht gekocht, sondern vorzugsweise gedünstet, gebraten oder gegrillt werden, damit ihre feinen Aromastoffe nicht im Kochwasser bleiben. Die Garzeiten sind bei den einzelnen Arten unterschiedlich.

Beim Zerschneiden sollte man einen Mittelweg gehen: Große Stücke bewahren ihr Aroma besser, werden jedoch schwerer aufgeschlossen. Bei den meisten Arten empfiehlt es sich, sie blättrig zu schneiden. Auf jeden Fall sollte man Pilze sehr gründlich kauen. Beim Dünsten von Pilzen ist die Zugabe von Wasser meist nicht erforderlich, da das in ihnen enthaltene Wasser ausreicht. Bei sehr festen Pilzen mit langer Kochzeit (Pfifferlinge) fügt man etwas Wasser hinzu.

Auf den Genuß von rohen Waldpilzen sollte man tunlichst verzichten. Auch wenn viele Pilze in rohem Zustand nicht giftig sind (manche sind es), können sie sehr unbekömmlich sein. Für Pilzsalate verwendet man also am besten gedünstete Pilze.

Pilze sicher aufbewahren

Pilze sammelt man am besten in einem Korb. Man sollte nicht zu viele übereinanderschichten, um die unteren nicht zu zerdrücken. Besonders gut eignen sich Spankörbe mit flachem Boden, wie sie auch zum Transport von Obst üblich sind. Auf keinen Fall Pilze in Plastiktüten sammeln! Die Pilze würden darin zu »schwitzen« anfangen und könnten schon auf dem Heimweg verderben. Werden die Pilze nicht mehr am gleichen Tag verzehrt, so bewahrt man sie sauber geputzt, aber ungewaschen einen Tag, höchstens zwei Tage im Kühlschrank auf. Um sie vor dem Austrocknen zu bewahren, bedeckt man sie mit einem Küchentuch, aber nicht mit Folie. Reste eines fertigen Pilzgerichtes sollten höchstens einige Stunden im Kühlschrank aufbewahrt werden. Pilzgerichte mit Eiern können nicht aufgehoben werden. Bei schwülem Wetter sind Reste einer Pilzmahlzeit sofort in den Abfall zu werfen.

Trocknen

In guten Pilzjahren deckt man sich am besten gleich mit einem reichlichen Vorrat ein. Zum Trocknen eignen sich feste, nicht zu wasserreiche Sorten, zum Beispiel Steinpilze, Maronenröhrlinge und Habichtspilze. Pfifferlinge sind ungeeignet. Die Pilze werden geputzt, nach Möglichkeit nicht gewaschen und in dünne Scheiben geschnitten. Dann breitet man sie in einer Schicht auf Packpapier oder in flachen Körben aus und läßt sie im Schatten, möglichst im Freien, trocknen. Sie müssen ständig überwacht werden, damit sich kein Schimmel bildet. Hin und wieder dreht man sie um. Falls die Unterlage viel Feuchtigkeit aufgenommen hat, ersetzt man sie durch eine neue. Eine andere beliebte Methode ist das Auffädeln der Pilzscheiben auf Bindfaden. Zwischen den einzelnen Pilzscheiben muß aber genügend Abstand bleiben. An einem trockenen und luftigen Ort aufgehängt, können so auch größere Mengen getrocknet werden. Sind die Pilze knisternd trocken, was je nach Größe der Scheiben 7–10 Tage dauert, so füllt man sie in Gläser mit Schraubverschluß. Vor dem Gebrauch bedeckt man sie mit Wasser und läßt sie 1–2 Stunden

einweichen. Das Einweichwasser wird natürlich mitverwendet. Für Saucen, Suppen, als Gewürz oder für
Risottos eignen sich Trockenpilze ganz besonders gut.
Besonders aromatische Pilze (Knoblauchschwind-
ling, Totentrompete) werden nach dem Trocknen zu
Pilzpulver zerrieben und als besonders edle Würze in
kleinen Dosen verwendet.

Einfrieren

Pilze eignen sich auch sehr gut zum Einfrieren, sie
werden dadurch sogar besser bekömmlich. Die edlen
Sorten wie Steinpilze, Maronenröhrlinge, Rotkappen
und Champignons sind für dieses Verfahren vorzuziehen. Man sollte sie möglichst gleich nach der Ernte
verarbeiten. Sie werden gründlich geputzt, zu dicke,
zähe Stiele entfernt. Kleine Pilze werden unzerteilt
4–6 Minuten in Salzwasser blanchiert. Große Exemplare mit dickfleischigen Hüten schneidet man in
Scheiben und entfernt eventuell die Lamellen.
Das Gefriergerät sollte einige Zeit vor dem Einfrieren
der Pilze auf −30 °C geschaltet werden; das bewirkt
einen Kälteschock, der die Haltbarkeit erhöht. Die
weitere Lagerung erfolgt dann bei −20 °C.
Fertig zubereitete Pilze sollte man grundsätzlich nicht
einfrieren!
Die tiefgefrorenen Pilze werden vor der Verwendung
nicht aufgetaut, sondern noch gefroren gedünstet
oder in heiße Flüssigkeit gegeben und genauso zubereitet wie frische.

Pilze in Essig

Dieses Verfahren eignet sich vor allem für junge, fest-
fleischige Pilze, die man später für Salate oder kalte
Platten verwenden will. In Italien dürfen auf keinem
Vorspeisenteller eingelegte Steinpilze fehlen. Außer-
dem eignen sich Pfifferlinge, Hallimasch und Violette
Rötelritterlinge gut zum Einlegen in Essig (Rezept
»Hallimasch in Essig eingelegt«).

Pilzextrakt

Aus hartfaserigen Pilzstielen, die sich sonst nicht gut
verwerten lassen, oder aus dem Blanchierwasser von
Pilzen, die man einfrieren will, kann man eine Würz-
delikatesse zubereiten, die nicht so leicht ihresglei-
chen findet. Die Stiele in stark gesalzenem Wasser
(3 Eßlöffel Salz auf 1 l Wasser) 30 Minuten ausko-
chen, dann abseihen. Den Pilzsud wieder erhitzen
und weiterkochen lassen, bis er eindickt. Dabei mehrmals umrühren. In Schraubgläser füllen und im Kühlschrank aufbewahren. Zum Verfeinern von Saucen
und Suppen nimmt man 1–2 Teelöffel.

Kräuter – würzig und gesund

Ist eine bestimmte Pflanze nun Gemüse, Gewürz oder
Heilkraut? Die Antwort lautet: Sie kann alles gleich-
zeitig sein, auf die Anwendung kommt es an. Viele
aromatische Pflanzen haben zugleich eine Heilwirkung. Als Gewürzkräuter verfeinern sie unsere Speisen, veredeln ihren Geschmack und reichern die Nahrung durch heilsame Wirkstoffe an. Auch in unseren
nördlichen Breiten gibt es wildwachsende Gewürz-
pflanzen, wenngleich die meisten der heute in unseren Küchen gebräuchlichen Gewürze aus dem Mittel-
meerraum in unsere Gärten eingebürgert wurden
oder aus den Tropen kommen. Wer mit offenen Au-
gen durch die Natur geht, findet eine Vielzahl von
Kräutern, die den Küchenzettel mit ihrer Würze und
Heilkraft bereichern können.

Kräuter sammeln

Wie bei allen wildwachsenden Pflanzen gilt auch hier
der Grundsatz: Nur solche Pflanzen sammeln, die
man mit Sicherheit bestimmen kann! Die beste Zeit
zum Sammeln ist kurz vor Mittag, dann sind Aroma
und Heilkraft am stärksten. Zum Sammeln nimmt
man einen Korb und mehrere Papiertüten mit, um
verschiedene Arten getrennt aufzubewahren. Den unteren Teil der Pflanze läßt man stehen, damit sie sich
weiter entwickeln kann. Man sollte auch nicht alle
Exemplare von einem Platz abpflücken, sondern immer ein paar stehenlassen.

Mit Kräutern kochen

Schon kleine Mengen von Wildkräutern geben einem
Salat, einem pikant zubereiteten Quark ein würziges

Aroma. Einen Hauch von »Wildnis« und Frische bekommen Suppen, Gemüse und Fleischgerichte, über die man vor dem Auftragen ein paar feingehackte Wildkräuter streut. Selbstverständlich kann man sie mit gekauften oder im Garten gezogenen Kräutern mischen. Als Gewürz sollten sie fein dosiert werden, damit sie nicht den Eigengeschmack eines Gerichtes übertönen.

Frisch oder notfalls tiefgefroren verwendet man Brunnenkresse, Bärlauch, Beifuß, Dost, Giersch, Gundermann, Knoblauchsrauke, Quendel, Minze, Pastinakgrün, Sauerampfer, Schafgarbe, Waldmeister, Wiesenkerbel, Wiesensalbei und das Grün der Wilden Möhre.

Dost, Beifuß, Quendel, Wiesensalbei, Schafgarbe und Pastinaksamen behalten auch getrocknet ihre Würzkraft. Die bei uns wild vorkommenden Minzearten verlieren getrocknet ihr Aroma, nur die Echte Pfefferminze überdauert.

Kräuter richtig konservieren

Schon im Frühling oder Frühsommer, wenn die grünen Kräuter gerade erst sprießen, sollte man an den langen, kräuterlosen Winter denken und rechtzeitig für einen dauerhaften Vorrat sorgen. Es gibt verschiedene Möglichkeiten zur Haltbarmachung und Aufbewahrung von Kräutern.

Einfrieren

Am besten behalten Kräuter ihr Aroma, wenn sie eingefroren werden. Dazu werden sie gewaschen, müssen gut abtropfen, werden kleingeschnitten oder in portionsgerechten Sträußchen unzerkleinert in Schlauchfolie verpackt. Bei nicht zerkleinerten Kräutern empfiehlt es sich, mit der Faust auf das noch gefrorene Päckchen zu schlagen; so zerfallen die Kräuter in kleine Stückchen und sind wie gehackt. Eingefrorene Kräuter können etwa 10 Monate aufbewahrt werden.

Trocknen

Hauptsächlich für den Gebrauch als Tees werden Kräuter getrocknet. Man muß sie zuerst gründlich waschen. Damit kein Wassertröpfchen an ihnen haften bleibt, schleudert man sie in der Salatschleuder trocken. Dann bündelt man sie in nicht zu großen Sträußen und hängt sie zum Trocknen an einen luftigen, schattigen Platz. Kleine Pflanzen oder einzelne Blätter werden in dünnen Schichten auf Packpapier oder in Körben getrocknet. Sobald sie beim Aneinanderreiben knistern und rascheln, füllt man sie in gut schließende Gläser. Dort sind sie am besten vor dem Verstauben und vor Aroma- und Wirkstoffverlust geschützt. Am besten eignen sich gefärbte Gläser. Verwendet man durchsichtige weiße Gefäße, sollte man sie in einem dunklen Schrank aufbewahren. Inhalt und Datum müssen immer auf dem Behälter vermerkt sein, auch getrocknete Pflanzen sind leicht zu verwechseln. Getrocknete Kräuter sollten innerhalb eines Jahres aufgebraucht werden, sie verderben zwar nicht, verlieren aber mit der Zeit an Wirkstoffen und Aroma. Gebrauchsfertig zerkleinerte Tees und gerebelte Gewürze werden möglichst schnell aufgebraucht. Will man die Kräuter länger aufheben, läßt man sie unzerkleinert.

Tee fermentieren

Die Blätter von Himbeeren, Brombeeren und Walderdbeeren ergeben einen besonders feinen Tee, wenn man sie vor dem Trocknen fermentiert. Auf Packpapier ausgebreitet läßt man sie einen Tag welken, aber nicht trocknen. Dann zerreibt man sie zwischen den Händen, schichtet sie etwa 2 cm hoch in eine flache Schale und bedeckt diese mit einem nassen Tuch. So stellt man sie an einen warmen Platz. Nach einem weiteren Tag werden die Blätter braun. Nun trocknet man sie im Backofen bei 40 °C und offener Backofentür.

Von diesen Teeblättern nimmt man 2 Teelöffel auf 1 Tasse Wasser, gießt kochendes Wasser darauf und läßt den Tee 5 Minuten ziehen.

Bei feuchtem Wetter kann es vorkommen, daß Kräuter, die man im Freien trocknet, unbeabsichtigt fermentiert werden. Sie färben sich dabei braun. Oft gewinnen Tees dadurch an Wohlgeschmack. Gewürze sollten jedoch ihr ursprüngliches Aroma behalten.

Wann ist die beste Sammelzeit?

Januar
Vogelmiere, Bitteres Schaumkraut, Brunnenkresse

Februar
Vogelmiere, Bitteres Schaumkraut, Brunnenkresse

März
Brennessel, Gänseblümchen, Huflattichblüten, Veilchen, Löwenzahnblätter, Scharbockskraut, Knoblauchsrauke, Vogelmiere, Bitteres Schaumkraut, Brunnenkresse

April
Brennessel, Gänseblümchen, Bärlauch, Giersch, Knoblauchsrauke, Scharbockskraut, Veilchen, Löwenzahnblätter und -blüten, Sauerampfer, Spitzwegerich, Schafgarbe, Wiesenschaumkraut, Bitteres Schaumkraut, Brunnenkresse, Vogelmiere, Vogelknöterich, Huflattichblüten, Birkenknospen, Walderdbeerblätter

Mai
Brennessel, Gänseblümchen, Bärlauch, Giersch, Knoblauchsrauke, Scharbockskraut, Löwenzahnblätter und -blüten, Sauerampfer, Spitzwegerich, Wiesenkerbel, Schafgarbe, Vogelmiere, Vogelknöterich, Huflattichblätter, Walderdbeerblätter, Quendel, Beinwell, Waldmeister, Minze, Fichtensprossen, Himbeerblätter, Brombeerblätter, Wiesensalbei, Wiesenbärenklau, Grün der Wilden Möhre, Pastinakgrün, Weißdornblüten und -blätter, Weiße Melde

Juni
Holunderblüten, Heckenrose, Weißdornblüten und -blätter, Weiße Melde, Quendel, Minze, Waldmeister, Pastinakgrün, Grün der Wilden Möhre, Beinwell, Giersch, Brennessel, Wiesenbärenklau, Wiesensalbei, Wiesenkerbel, Huflattichblätter, Spitzwegerich, Fich-

tenspitzen, Löwenzahnblüten, Sauerampfer, Gänseblümchen, Vogelmiere, Vogelknöterich, Bitteres Schaumkraut, Brunnenkresse, Walderdbeeren

Juli
Heckenrose, Holunderblüten, Walderdbeeren, Himbeeren, Wiesensalbei, Gänseblümchen, Brennessel, Beifuß, Minze, Dost, Quendel, Sauerampfer, Spitzwegerich, Pastinakgrün, Pilze

August
Himbeeren, Brombeeren, Heidelbeeren, Vogelbeeren, Preiselbeeren, Beifuß, Brennessel, Spitzwegerich, Dost, Quendel, Pastinaksamen, Pilze

September
Brombeeren, Vogelbeeren, Moosbeeren, Preiselbeeren, Hagebutten, Sanddornfrüchte, Heidelbeeren, Holunderbeeren, Kornelkirschen, Judenkirschen, Dost, Wilde Möhre, Pilze

Oktober
Hagebutten, Moosbeeren, Brombeeren, Sanddornbeeren, Schlehen, Weißdornbeeren, Preiselbeeren, Kornelkirschen, Judenkirschen, Wilde Möhre, Pastinakwurzel, Pilze, Kastanien, Haselnüsse

November
Schlehen, Hagebutten, Weißdornbeeren, Kornelkirschen, Wacholderbeeren, Wilde Möhre, Pastinakwurzel, Pilze, Vogelmiere, Gänseblümchen

Dezember
Schlehen, Weißdornbeeren, Wacholderbeeren, Pastinakwurzel, Bitteres Schaumkraut, Brunnenkresse, Vogelmiere, Gänseblümchen

Zum Bild rechts:
Was die Natur an Zutaten für die Speisekammer und die Küche liefert, das wird zu köstlichen Gerichten mit Wildgemüse, Kräutern, Pilzen, Beeren und Nüssen verarbeitet.

Bärlauch

*Allium ursinum, Bärenlauch, Hundsknofel,
Judenzwiebel, Waldknoblauch, Zigeunerlauch,
Zigeunerzwiebel*

Sammelzeit: April – Juni

*Das in feuchten Laub- und Auwäldern meist im
Gebüsch und unter Sträuchern anzutreffende
Liliengewächs liebt ein schattiges Plätzchen. Mit seinen
vielblütigen weißen Scheindolden und den spitzen,
lanzettförmigen Blättern ist es nicht nur dekorativ,
sondern auch – wie seine nächsten Verwandten
Knoblauch und Porree – von kräftiger Würze; alle Teile
der Pflanze verströmen einen intensiven
Knoblauchgeruch. Bärlauch tritt oft massenhaft auf
und bedeckt dann gleich große Flächen. Wegen seines
charakteristischen Geruchs kann man ihn, obwohl die
Blätter in der Form denen des giftigen Maiglöckchens
ähneln, kaum mit andern Pflanzen verwechseln.
Wir verwenden die Blätter vor und während der
Blütezeit frisch als Salat, Gewürz oder Gemüse. Zum
Trocknen eignet sich Bärlauch nicht. Im übrigen ist er
nicht nur würzig, sondern auch gesund;
er hilft gegen Magen-Darm-Katarrh
und enthält reichlich Vitamin C.*

Kartoffelgratin mit Bärlauch

*1 kg Kartoffeln (festkochend) · 200 g Bärlauch-
blätter · Butter für die Auflaufform · Salz
schwarzer Pfeffer · 125 g geriebener Emmentaler- oder
Greyerzerkäse · ½ l Milch · 2 Eier
geriebene Muskatnuß · 50 g Butter*

Zubereitungszeit: 1 Stunde 10 Minuten

Die Kartoffeln schälen, waschen, in dünne Scheiben
schneiden, auf einem Tuch abtrocknen lassen.
Den Backofen auf 220 °C vorheizen.
Die Bärlauchblätter waschen, abtropfen lassen,
2–3 Blätter beiseite legen, die übrigen in feine Streifen
schneiden.
Mit den aufgehobenen Blättern eine flache Auflaufform ausreiben. Die Form mit Butter einfetten, die
Kartoffelscheiben dachziegelartig hineinschichten,
mit Salz und Pfeffer würzen.
75 g geriebenen Käse mit den Bärlauchstreifen vermischen und über die Kartoffelscheiben streuen.
Die Milch kurz aufkochen lassen (damit sie später
beim Gratinieren nicht überkocht). Wenn sie abgekühlt ist, mit den Eiern verquirlen, mit wenig Salz,
Pfeffer und Muskat würzen und über den Bärlauch
gießen. Den restlichen Käse darüberstreuen und das
Gratin mit Butterflöckchen besetzen.
Die Form auf die mittlere Schiene in den vorgeheizten Backofen schieben und 45 Minuten backen.
Dazu schmeckt Löwenzahnsalat oder Kopfsalat.

Variante: Statt Milch und Eiern kann man auch einen
Becher mit 50 g Frischkäse verquirlte Sahne über Kartoffeln und Bärlauch gießen; auf die Butterflöckchen
sollte man dann verzichten.
Die Kartoffeln können statt mit Pfeffer auch einmal
mit gehacktem Kümmel bestreut werden.

Zum Bild rechts:
Ein Hauch von Knoblauch umgibt das Kartoffelgratin mit
Bärlauch und den Römischen Salat mit Bärlauch.

Römischer Salat mit Bärlauch

Römischer Salat hat eine noch längere Geschichte als sein Name sagt, denn schon die alten Ägypter haben ihn kultiviert. Er wird aus den Mittelmeerländern bei uns eingeführt. Die Kombination mit frühlingsfrischem Bärlauch macht ihn besonders schmackhaft.

1 Kopf Römischer Salat · 30 g Bärlauchblätter
1 Bund Petersilie · 4 Eßl. Olivenöl
2 Eßl. Estragonessig · 1 Eßl. frisch geriebener
Meerrettich · 2 Eßl. Hefestreuflocken · Salz

Zubereitungszeit: 15 Minuten

Die Blätter vom Salat ablösen, waschen, abtropfen lassen und in nicht zu große Stücke zupfen.
Die Bärlauchblätter und die Petersilie waschen und feinhacken.
Für die Salatsauce das Olivenöl, den Estragonessig und den Meerrettich vermischen, die Hefestreuflocken unterrühren.
Salat und Kräuter in eine Glasschüssel geben, die Marinade darübergießen, alles gut vermischen und mit Salz abschmecken.

Variante: Dieser erfrischende Frühlingssalat kann noch durch Blätter von anderen Wildkräutern, wie Giersch und Scharbockskraut, die meist in der Nähe von Bärlauch zu finden sind, angereichert werden.

Bärlauchsuppe mit Schnecken

Mit seinem starken Laucharoma ist Bärlauch die perfekte Ergänzung zu jedem Gericht mit Weinbergschnecken.

36 Weinbergschnecken (aus der Dose) · 3 Schalotten
½ Stange Porree/Lauch · 50 g Butter
250 g Champignons · ¾ l Fleischbrühe
¼ l trockener Weißwein · 1 Lorbeerblatt
200 g Bärlauchblätter · 1 Bund Petersilie · Salz
schwarzer Pfeffer · 1 Becher Crème fraîche (175 g)

Zubereitungszeit: 35 Minuten

Die Schnecken auf einem Sieb abtropfen lassen und den Sud auffangen.

Die Schalotten schälen und hacken, den Porree/Lauch waschen und in dünne Streifen schneiden, beides in der erhitzten Butter glasig werden lassen.
Die Champignons kurz unter fließendem Wasser waschen, abtropfen lassen, in dünne Scheiben schneiden und zu den Zwiebeln und dem Porree/Lauch geben.
Die abgetropften Schnecken halbieren und ebenfalls zufügen, kurz anrösten.
Den Schneckensud, die Fleischbrühe und den Weißwein zugießen, das Lorbeerblatt hineingeben und das Ganze 10 Minuten bei schwacher Hitze kochen lassen.
In der Zwischenzeit die Bärlauchblätter waschen und in dünne Streifen schneiden, die Petersilie waschen und feinhacken.
Die Suppe mit Salz und Pfeffer abschmecken, das Lorbeerblatt herausnehmen.
Bärlauch und Petersilie in die Suppe geben, noch 2 Minuten kochen lassen.
Zum Schluß die Crème fraîche einrühren und die Suppe sofort servieren.

Variante: Wenn man schon bei der Wildgemüse-Ernte ist, kann man auch gleich Giersch mitbringen und ihn statt der Petersilie verwenden, denn wo Bärlauch wächst, ist meist auch Giersch nicht weit.

Mein Tip
Halten Sie zwischen Bärlauchblättern nach den begehrten Spitzmorcheln Ausschau. Sie erscheinen zur gleichen Zeit und an den gleichen Plätzen, besonders nach einem warmen Frühlingsregen. Gründlich gesäubert, der Länge nach halbiert und anstelle der Champignons mitgedünstet, machen sie diese Bärlauchsuppe zur Delikatesse.

Bovist

*Lycoperdon perlatum, Feuerpilz, Flaschenbovist,
Flaschenstäubling, Nonnefürzli, Rauchpilz,
Trudenbeutel, Würziger Staubbuff*

Sammelzeit: Sommer und Herbst

*Unter den eßbaren Bovisten ist der Flaschenbovist der
bekannteste und wohlschmeckendste. Man findet ihn in
Laub- und Nadelwäldern meist in ganzen Trupps. Sein
leuchtendweißer Fruchtkörper hat die Form einer
Flasche, die mit dem Hals nach unten in den Boden
gesteckt wurde, und wird 8–10 cm hoch. Junge
Exemplare sind von kleinen Warzen bedeckt, die später
abfallen. Der Pilz wird dann zuerst gelblich, später
braun. Am Scheitelpunkt entsteht eine Öffnung, durch
die bei Berührung die Sporen wie Rauchwölkchen
entweichen.
Der giftige Kartoffelbovist hat keinen Flaschenhals und
ist beim Aufschneiden gelblich oder hell- bis
dunkelviolett.
Ganz junge, reinweiße Exemplare sind eine
Delikatesse; die Warzen werden abgewaschen, bevor
man die Pilze in Scheiben schneidet und zubereitet.*

Boviste in Senfsauce

Der Grundsatz, möglichst nur junge Pilze zu verwenden, gilt für den Bovist in ganz besonderem Maße. Solange er innen völlig weiß ist, schmeckt er sehr fein. Auf Boviste, deren Fleisch beim Aufschneiden einen noch so leichten Gelbschimmer zeigt, sollte man verzichten; sie können durch ihren muffigen Geschmack das ganze Pilzgericht verderben. Ein Stich ins Violette würde sogar auf den giftigen Kartoffelbovist deuten. Boviste sollten möglichst gleich nach dem Sammeln zubereitet werden, längeres Aufbewahren bekommt ihnen gar nicht gut.

500 g frische Flaschenboviste · 1 Zitrone
1 Becher Sahne (200 g) · 3 Teel. heller scharfer
Senf · Salz · weißer Pfeffer · 2 Eßl. feingehackte
Petersilie

Zubereitungszeit: 1 Stunde

Die Boviste putzen, aber nicht waschen, und in dünne Scheiben schneiden. Alle Pilzscheiben mit dem Saft der Zitrone beträufeln.
Den Backofen auf 200 °C vorheizen.
Die Sahne mit dem Senf, Salz und Pfeffer verrühren.
Die Pilzscheiben unter die Sahne rühren, das Ganze in eine feuerfeste Form füllen und im Backofen in 20 Minuten garen. Mit der Petersilie bestreuen und sofort in der Auflaufform servieren.
Dieses Pilzgericht paßt als Beilage zu Fleisch, vor allem zu Wild, aber auch zu Reis, Nudeln oder gedünstetem Gemüse, zum Beispiel Blumenkohl oder Grünkohl oder Kartoffeln.

Mein Tip

Wenn die Ausbeute beim Sammeln nicht sehr groß ist, kann man Flaschenboviste, nachdem man sie geputzt und in Scheiben geschnitten hat, einfach in reichlich Butter 10 Minuten braten, anschließend salzen. Mit einer Scheibe Vollkornbrot und Tomatensalat ist das ein herzhafter Imbiß.

Blutreizker

*Lactarius deterrimus, Fichtenreizker,
Karottenmilchling, Wacholderschwamm*

Sammelzeit: Spätsommer und Herbst

*Der Blutreizker ist nur eine unter mehreren
Reizkerarten, die sich vor allem in Gesellschaft von
Fichten, Kiefern und Föhren wohlfühlen. Der Pilz hat
einen orangefarbenen Hut mit grünen Zonen, der bis
10 cm breit wird; seine Lamellen wie auch der Stiel sind
orange-gelbbraun; beim Anschneiden zeigt sich
karottenrote Milch, die sich nach einiger Zeit ins
Blutrote verfärbt. Der noch feinere Weinrote
Kiefernreizker ist an der dunkelweinroten Milch zu
erkennen. Angst vor Verwechslung ist beim Reizker
überflüssig, denn der ungenießbare Birkenreizker ist
durch seinen weißen Milchsaft zu identifizieren, der sich
an der Luft bräunlich verfärbt. Die ganze übrige
Reizkerverwandtschaft ist eßbar, wenn auch von
unterschiedlicher Qualität.
Übrigens gibt es keinen Grund zur Sorge,
wenn sich nach dem Genuß von Reizkern
der Urin rot verfärbt.*

Blutreizkerknödel

4 altbackene Brötchen · ¼ l Milch · Salz		
200 g Blutreizker (geputzt gewogen) · 1 Zwiebel		
1 Bund Petersilie · 30 g Butter · 2 Eier · 1 Eigelb		
weißer Pfeffer · 2 l Salzwasser oder Fleischbrühe		

Zubereitungszeit: 50 Minuten (einschließlich Putzen)

Die Brötchen in Würfel schneiden. Die Milch aufkochen lassen, salzen und die Brötchen damit begießen, 15 Minuten darin quellen lassen.
Die Reizker sorgfältig putzen, unter fließendem Wasser waschen, auf Küchenkrepp abtropfen lassen, anschließend feinhacken.
Die Zwiebel schälen und ebenso wie die gewaschene Petersilie feinhacken.
Die Butter in einer Pfanne erhitzen, Pilze, Zwiebeln und Petersilie zugeben, so lange dünsten, bis alle Flüssigkeit verdampft ist.
Die Brötchenwürfel sehr gut ausdrücken, mit den Pilzen, den ganzen Eiern und dem Eigelb verkneten, mit Salz und Pfeffer würzen.
Das Salzwasser oder die Fleischbrühe zum Kochen bringen.
Mit nassen Händen eigroße Knödel formen und diese in dem siedenden (nicht sprudelnd kochenden) Wasser oder der Brühe ziehen lassen, bis sie nach oben steigen.
Mit dem Schaumlöffel herausheben, abtropfen lassen und sofort servieren.
Pilzknödel wie diese passen zu Reh- oder Rinderbraten, können aber auch zu einer Zwiebelsauce gereicht werden.

Mein Tip
Wenn Ihnen der Teig nicht fest genug vorkommt, können Sie noch 1–2 Eßlöffel Vollkornmehl mit verkneten.
Falls Sie die Knödel in Brühe garen, servieren Sie sie am besten zusammen mit der Pilzbrühe in Tassen.

Zum Bild rechts:
Blutreizkerknödel schmecken zum knusprigen Schweinebraten, zu Reh- oder Hirschragout, aber auch zu einer würzigen Pilz-Kräuter-Sauce.

Brennessel

*Urtica dioica, Donnernessel, Gichtrute, Große
Brennessel, Hanfnessel, Nessel, Nettel, Saunessel*

Sammelzeit: Frühjahr – Herbst

*Man braucht nicht lange zu suchen, um die Brennessel
an ihren Lieblingsstandorten, an Wegrändern, Hecken,
im Gebüsch und natürlich als »Unkraut« an allen
möglichen Plätzen im Garten, aufzuspüren. Die Pflanze
wird bis 1,5 m hoch und hat aufrechte Stengel mit
länglich-eiförmigen, sägezähnigen Blättern. Die
hängenden Blütenrispen sind unscheinbar grün.
Bei der Ernte ist die ganze Pflanze mit Handschuhen
anzufassen; sie ist nämlich über und über mit
Brennhaaren versehen, die ihre Spuren auf der Haut
hinterlassen. Da jeder mit Brennesseln schon von klein
auf seine Erfahrungen gemacht hat, wird er sie kaum
verwechseln. Auch die Kleine Brennessel (Urtica urens),
die 10–60 cm hoch wird, kann in der Küche
Verwendung finden und schon im Mai geerntet werden.
Die jungen Blätter ergeben ein feines Gemüse.
Sie wirken blutreinigend
und regen den Stoffwechsel an.*

Brennesselsoufflé

Frische junge Brennesselblätter lassen sich auf die
gleiche Weise verwenden wie Spinat; nur ist ihr Geschmack natürlich »wilder«. Sie bereichern vor allem
unsern Frühjahrs-Speisezettel um ein gesundes und
interessantes Ingredienz.

*500 g Brennesseln · 50 g Butter · 1 gehäufter Eßl.
Weizenvollkornmehl Type 1050 · 1 Becher Sahne
(250 g) · 3 Eier · je 1 Prise Salz und Pfeffer · Butter
zum Einfetten der Form · 125 g geriebener
Emmentalerkäse*

Zubereitungszeit: 1 Stunde

Die Brennesseln waschen (am besten Gummihandschuhe dabei anziehen), die Blätter von den Stengeln
zupfen und für 2 Minuten in kochendes Wasser geben; auf ein Sieb gießen, abtropfen lassen. Sie brennen nun nicht mehr. Nach dem Erkalten feinhacken.
Die Butter in einem Topf schmelzen, das Mehl einstreuen, kurz anbräunen lassen, mit der Sahne glattrühren; vom Herd nehmen und abkühlen lassen.
Die Eier trennen. Die Eigelbe sowie die gehackten
Brennesselblätter in die erkaltete Masse einrühren,
mit Salz und Pfeffer würzen.
Die Eiweiße mit etwas Salz zu sehr steifem Schnee
schlagen.
Den Backofen auf 220 °C vorheizen.
Eine Auflaufform einfetten. Den Eischnee vorsichtig
unter die übrigen Zutaten heben und alles zusammen
in die Auflaufform geben. Den Käse gleichmäßig darüberstreuen und die Form auf die mittlere Schiene
des vorgeheizten Ofens schieben. Das Soufflé 30 Minuten backen. Während dieser Zeit auf keinen Fall
die Backofentür öffnen.
Am Ende der Backzeit das Soufflé sofort servieren. Es
fällt zusammen, wenn es länger steht.
Zum Brennesselsoufflé paßt ein frischer Frühlingssalat, zum Beispiel Löwenzahnsalat mit Speck, wie er
auf Seite 61 beschrieben ist.

Zum Bild rechts:
Ein Brennesselsoufflé schmeckt am besten im Frühling,
wenn die Brennesselblätter noch jung und zart sind.

Brennesselspätzle mit Käsesauce

Spätzle, eigentlich eine Spezialität der schwäbischen Küche, ißt man keineswegs nur als Beilage zu Fleisch- und Wildgerichten, sondern auch als Hauptgericht. Besonders schmackhaft, gesund und schön grün sind sie, wenn man frische Brennesselblätter in den Teig gibt.

250 g Brennesseln · 500 g Weizenvollkornmehl
Type 1050 · 3 Eier · ½ Teel. Salz · ¼ l lauwarmes
Wasser · 3 l Salzwasser · 30 g Butter
Für die Sauce:
1 Zwiebel · 20 g Butter · 1 Eßl. Vollkornmehl
1 Becher Sahne (200 g) · 75 g dänischer Blauschimmel-
käse · je 1 Prise Salz und weißer Pfeffer

Zubereitungszeit: 1 Stunde 15 Minuten

Die Brennesseln waschen (am besten Gummihandschuhe dabei anziehen), die Blätter von den Stengeln zupfen und auf einem Sieb gut abtropfen lassen; die Blätter durch den Fleischwolf drehen oder mit dem Wiegemesser sehr fein wiegen.
Das Mehl in eine Backschüssel geben, in die Mitte eine Vertiefung drücken, die durchgedrehten oder gewiegten Brennesselblätter, die Eier, Salz und das Wasser zugeben und das Ganze gut vermischen. Mit dem Rührlöffel schlagen, bis sich der Teig vom Schüsselrand löst.
In einem großen Topf das gesalzene Wasser zum Kochen bringen. Ein Holzbrett mit kaltem Wasser abspülen. 3 Eßlöffel Teig daraufgeben. Das Brett schräg über den Topf halten und mit einem großen Messer dünne Spätzle in das siedende Salzwasser schaben. Schnell nach und nach den ganzen Teig auf diese Weise vom Brett schaben, dabei das Brett öfters kalt abspülen, bevor man wieder Teig daraufgibt.
Die Spätzle sind fertig gekocht, wenn sie an die Oberfläche steigen. Mit einem Schaumlöffel herausnehmen, auf ein Sieb geben, mit kaltem Wasser abspülen, gut abtropfen lassen.
Für die Sauce die Zwiebel schälen und feinhacken, die Butter in einem Topf zerlaufen lassen, die Zwiebel darin glasig braten. Mit dem Mehl bestäuben, leicht anbräunen lassen, unter Rühren die Sahne zugießen und die Masse zu einer glatten Sauce verrühren. Den Blauschimmelkäse hineinreiben, mit Salz und Pfeffer abschmecken.
Die abgetropften Spätzle in der heißen Butter schwenken, mit der Käsesauce übergossen anrichten.

Brennesselspinat

500–800 g Brennesseln · 2 Knoblauchzehen
50 g Butter · 1 Prise Salz · geriebene Muskatnuß
1 kleiner Becher saure Sahne (100 g)

Zubereitungszeit: 30 Minuten

Die Brennesselblätter von den Stengeln zupfen (am besten Gummihandschuhe dabei anziehen) und waschen. In einem großen Topf bei mittlerer Hitze in wenig Wasser dünsten, bis sie zusammenfallen. Dabei den Topf einige Male schwenken. Die Blätter auf ein Sieb schütten, abtropfen lassen.
Die Knoblauchzehen schälen und feinhacken.
Die Butter in einem Topf zerlaufen lassen, den Knoblauch und die gut abgetropften Brennesselblätter zugeben, mit Salz und Muskat würzen, vorsichtig heißrühren. Zum Schluß die saure Sahne zugeben, nochmals erhitzen und sofort servieren.

Brennesselgemüse

500–800 g Brennesseln · 2 Knoblauchzehen
2 Eßl. Olivenöl · 3 Eßl. Tamari (Sojasauce
aus dem Reformhaus)

Zubereitungszeit: 30 Minuten

Die Brennesseln waschen (am besten Gummihandschuhe dabei anziehen), die Blätter von den Stengeln zupfen und abtropfen lassen.
Die Blätter in reichlich Wasser 2 Minuten blanchieren, auf ein Sieb schütten.
Die Knoblauchzehen schälen und in der Knoblauchpresse zerdrücken. Das Öl erhitzen, zuerst den Knoblauch, dann die Brennesselblätter hineingeben, mit Tamarisauce würzen, einige Male umrühren.
Dazu paßt besonders gut Hirse.

Mein Tip

Gießen Sie das Kochwasser nicht weg, sondern trinken Sie es als blutreinigendes und entschlakkendes Getränk.
Die Brennesselstengel können Sie, zusammen mit ganzen Pflanzen, zum Entsaften verwenden.

Brombeere

Rubus fruticosus, Bramel, Braunbeere,
Feldschwarzbeere, Hirschbollen, Kroatzbeere, Moren,
Schwarze Haubeere

Sammelzeit: August – Oktober

Auf Brachland, an Waldrändern, auf Lichtungen, in
Böschungen breitet sich die Brombeere mit ihren
stacheligen Zweigen als dichtes, undurchdringliches
Gestrüpp aus. Der rankende Strauch mit den
verholzenden Stengeln wird bis 1,5 m hoch. Die
gezähnten dunkelgrünen Blätter sind auf der Unterseite
weiß, die Blüten weiß oder rosa. Die glänzend
schwarzen Früchte mit den vielen kleinen kugeligen
Steinbeeren haben einen leicht säuerlichen Geschmack.
Brombeeren zu sammeln ist zwar eine recht dornige
Angelegenheit, aber die Mühe lohnt sich. Die frischen
Früchte sind schmackhaft und aromatisch und lassen
sich zu feinen Desserts, aber auch zu Wintervorräten in
Form von Marmelade, Gelee oder Saft verarbeiten.
Brombeersaft wirkt wohltuend bei Husten und
Heiserkeit; aus den getrockneten Blättern bereiteter Tee
hilft gegen Durchfallkrankheiten.

Brombeerkompott mit Sahne

Brombeeren gehören zu den wenigen Früchten, die
gekocht besser schmecken als roh. Schon ein einfa-
ches Kompott ist eine schmackhafte Belohnung für
das recht »stachelige« Sammeln.

500 g Brombeeren · 150 ml Wasser · Zucker nach
Belieben · Sahne oder Crème fraîche

Zubereitungszeit: 20 Minuten

Die Brombeeren verlesen und kurz waschen. In einem Topf mit dem Wasser in 10–15 Minuten weichdünsten. Nach Belieben zuckern. In Glasschüssel-
chen verteilen und mit Sahne oder Crème fraîche
warm servieren.

Mein Tip
Nur wirklich vollreife Brombeeren verwenden,
halbreife werden beim Kochen bitter.

Amerikanisches Brombeersoufflé

4 Eier · 2 Eßl. Weizenkeime · 100 g Milch · ¼ Teel.
Meersalz · 1 Eßl. Butter · 200 g gekörnter Frischkäse
500 g Brombeeren · 3–4 Eßl. Honig · 1 Becher Sahne

Zubereitungszeit: 45 Minuten
Kühlzeit: 1–2 Stunden

Die Eier schaumig schlagen, mit den Weizenkeimen,
der Milch und dem Meersalz vermischen. Eine feuerfeste Form von ½ l Fassungsvermögen ausfetten, die
Mischung hineingeben und mit Aluminiumfolie verschließen. Auf einem Drahteinsatz in ein heißes Wasserbad stellen. Zwei Drittel der Form sollen im Wasser stehen. Im zugedeckten Topf bei schwacher Hitze
15 Minuten kochen lassen, bis die Mischung fest geworden ist. Herausnehmen und abkühlen lassen,
dann 1–2 Stunden im Kühlschrank kalt stellen.
Auf eine Platte stürzen, mit Frischkäse bestreichen.
Die Beeren verlesen, kurz waschen und abtropfen lassen. Mit dem Honig nach Geschmack süßen und über
den Pudding verteilen.
Die Sahne steifschlagen und vor dem Auftragen auf
die Beeren spritzen.

Brombeerpfannkuchen

100 g Weizenvollkornmehl Type 1050 · 1 Prise Salz
¼ Teel. gemahlene Vanille · 2 Eier · 2 Tassen
Milch · 2 Eßl. Sonnenblumenöl · 40 g Butter · 2 Eßl.
Honig · 1 Tasse Wasser · 250 g reife Brombeeren
½ Zimtstange · 200 g gekörnter Frischkäse

Zubereitungszeit: 45 Minuten
Ruhezeit für den Teig: 1 Stunde

Aus dem Mehl, Salz, der Vanille, den Eiern, der Milch
und dem Öl einen Pfannkuchenteig rühren. 60 Minuten ruhen lassen. Die Butter in einer Pfanne erhitzen,
dünne Pfannkuchen backen und warm stellen.
Den Honig mit dem Wasser 10 Minuten lang zu Sirup
kochen.
Die Brombeeren verlesen und waschen. Zusammen
mit der Zimtstange in den Sirup geben und in
10–15 Minuten weichkochen.
Die Brombeeren aus dem Sirup heben, die Zimtstange entfernen. Die Beeren mit dem Frischkäse vermischen. Die Pfannkuchen mit der Mischung bestreichen und einrollen. Mit dem warmen Sirup übergossen servieren.

Brombeerlikör

Likör sollte immer mit gutem Alkohol angesetzt werden – es lohnt sich. Mit weißem Rum schmecken
Brombeeren besonders gut.

1 500 g reife Brombeeren · 250 g Zucker
½ Zimtstange · 1 Messerspitze gemahlener Ingwer
2 Gewürznelken · ½ l weißer Rum · ½ l Weingeist (38%)

Zubereitungszeit: 50 Minuten
Kühlzeit: 2 Tage
Ansetzzeit: 14 Tage

Die Brombeeren verlesen, kurz waschen, abtropfen
lassen. Die Beeren in einen Steinguttopf füllen, leicht
zerdrücken und den Zucker darüberstreuen. Zum
Saftziehen 2 Tage stehenlassen.
Die gezuckerten Brombeeren mit den Gewürzen einmal aufkochen, anschließend durch ein sauberes Nesseltuch gießen, das mit den 4 Ecken an den Beinen eines umgedrehten Stuhls befestigt ist.
Den abgelaufenen Saft mit dem weißen Rum und
dem Weingeist vermischen, in Flaschen füllen und
fest verkorken. 14 Tage stehenlassen.
Den Likör durch einen Kaffeefilter gießen und erneut
in Flaschen füllen. Gut verschließen.

Brombeergelee

Brombeeren enthalten genügend Pektin, um ohne Zusätze zu gelieren. Man muß nur genau den richtigen
Zeitpunkt erwischen.

1 kg Brombeeren · 600 g brauner Zucker

Zubereitungszeit: 1 Stunde
Austropfzeit: 12 Stunden

Die frisch gepflückten Brombeeren verlesen und waschen. In einem Topf mit ganz wenig Wasser (nur soviel, daß sie nicht anbrennen) die Beeren zum Kochen
bringen und in 15 Minuten weichdünsten.
Ein sauberes Nesseltuch mit den 4 Ecken an den Beinen eines umgedrehten Stuhles festbinden, einen
Topf darunterstellen und die Brombeeren in das Tuch
gießen. Nach einigen Stunden die Brombeeren mit einem Löffel umdrehen, so daß die oberen Beeren nach
unten kommen, aber nicht ausgepreßt werden.
Am nächsten Tag die Gläser sorgfältig spülen und gut
abtropfen lassen. Den Brombeersaft wiegen. Man benötigt ein Drittel mehr Zucker als Saft; auf 400 g Saft
kommen also 600 g Zucker.
Den Saft zusammen mit dem Zucker erhitzen und solange rühren, bis sich der Zucker vollständig aufgelöst
hat. Bei schwacher Hitze weiterkochen lassen.
Nach 10 Minuten die erste Gelierprobe entnehmen.
Dazu 1 Teelöffel heißen Saft auf eine flache Schale
streichen und schnell abkühlen lassen. Bildet sich ein
fester Film, ist das Gelee fertig. Am besten mehrere
Gelierproben im Abstand von Minuten machen, aber
nicht zu lange warten, weil sonst der Gelierpunkt
überschritten wird.
Ist die Gelierprobe erfolgreich, den Topf sofort vom
Herd nehmen, den Saft in die vorbereiteten Gläser
füllen und noch heiß verschließen.

Brunnenkresse

*Nasturtium officinale, Bachbitterkraut, Bitterkresse,
Bornkassen, Echte Brunnenkresse, Kersche,
Wasserkresse, Wassersenf*

Sammelzeit: Februar – Dezember

*Die mehrjährige Pflanze ist in und an klaren Bächen,
Quellen, langsam fließenden Flüssen und Gräben zu
finden. Man erntet die saftig-grünen Blätter mit
Vorliebe im Frühjahr, doch stehen sie praktisch das
ganze Jahr über zur Verfügung. Die Stengel, 30–90 cm
lang und oft unter der Wasseroberfläche kriechend,
tauchen nur teilweise auf und sind mit glänzenden,
gefiederten Blättern besetzt. Die weißen oder
purpurfarbenen Blüten sind klein und unscheinbar.
Brunnenkresse wird als Salat und als Würzkraut
verwendet und sogar als Salatpflanze angebaut. Sie
darf nicht in der Nähe von Viehweiden geerntet werden
(Leberegel). Auch sollte man sie vor der Verwendung
ganz besonders gründlich waschen, damit keine
Mückenlarven zurückbleiben.*

Tomaten mit Kressefüllung

*1 Zwiebel · 3 Tassen Naturreis · 4 Eßl. Olivenöl
7 Tassen Wasser · 1 Gemüsebrühwürfel · 1 Lorbeerblatt · 8 feste Fleischtomaten · 3 Handvoll Brunnenkresse · 1 kleine Dose Sardellenfilets · 1 Knoblauchzehe · 2 Eßl. Kapern · Salz · frisch gemahlener
Pfeffer · 3 Eßl. geriebener Parmesankäse*

Zubereitungszeit: 1 Stunde 10 Minuten

Die Zwiebel schälen und feinhacken.
Den Reis in einem Sieb unter fließendem Wasser wa-
schen und abtropfen lassen.
In einem Topf 1 Eßlöffel Olivenöl erhitzen und die
Zwiebel darin glasig braten. Den abgetropften Reis
zugeben, leicht anrösten, mit dem Wasser auffüllen.
Den Gemüsebrühwürfel und das Lorbeerblatt zuge-
ben und den Reis fast weich dünsten.
In der Zwischenzeit die Tomaten waschen, einen
Deckel abschneiden und mit einem Löffel Kerne und
Fruchtfleisch herausschaben. Das Fruchtfleisch samt
dem kleingeschnittenen Deckel, von dem der Stielansatz entfernt wurde, zu dem Reis geben. Den Backofen auf 200 °C vorheizen.
Die Brunnenkresse in heißem Wasser gründlich waschen, abtropfen lassen, die Blätter von den Stengeln
zupfen.
Die Sardellenfilets abtropfen lassen und feinhacken.
Die Knoblauchzehe schälen und feinhacken.
Eine flache Auflaufform mit 1 Eßlöffel Olivenöl einfetten.
Sobald der Reis alle Flüssigkeit aufgenommen hat,
die Kresse, die Sardellen, den Knoblauch und die Kapern daruntermischen, das Lorbeerblatt herausnehmen. Mit Salz und Pfeffer würzig abschmecken. Die
ausgehöhlten Tomaten locker mit der Reismischung
füllen, mit dem Parmesankäse bestreuen und mit dem
restlichen Olivenöl beträufeln. In die gefettete Auflaufform setzen und auf der mittleren Schiene des
Backofens solange backen (etwa 15 Minuten), bis der
Käse goldgelb geworden ist.

Bohnensalat mit Brunnenkresse

60 g Brunnenkresse · 500 g frische grüne Bohnen
100 g frische Champignons oder Egerlinge
1 Schalotte · 1 Knoblauchzehe · 4 Eier · 1 Becher
saure Sahne (200 g) · 2 Eßl. Mayonnaise
2 Eßl. Apfelessig · Salz · weißer Pfeffer
1 Salzgurke

Zubereitungszeit: 40 Minuten

Die Brunnenkresse gründlich in heißem Wasser waschen, abtropfen lassen, die Blätter von den dicken Stengeln zupfen.
Die grünen Bohnen waschen, Spitzen und Stielansätze entfernen, eventuell Fäden abziehen, die Bohnen in etwa 3 cm lange Stücke brechen. Mit Wasser bedeckt im geschlossenen Topf in 10–15 Minuten garen. Anschließend auf ein Sieb gießen, mit kaltem Wasser abschrecken und abtropfen lassen.
Die Champignons kurz unter fließendem Wasser waschen, abtropfen lassen und feinblättrig schneiden.
Die Schalotte und die Knoblauchzehe schälen und feinhacken.
Die Eier hartkochen, abschrecken, pellen und in kleine Würfel schneiden.
In einer Salatschüssel die Brunnenkresse mit den Bohnen, den Champignons, der Schalotte, dem Knoblauch und den Eierwürfeln vermischen.
Eine Sauce aus Sahne, Mayonnaise und Obstessig rühren, mit Salz und Pfeffer würzen, die gehackte Salzgurke zugeben. Die würzige Sauce über die Gemüse gießen und leicht unterheben.

Variante: Man kann auch 2–3 gekochte Pellkartoffeln, in Scheiben geschnitten, dazugeben oder statt der Champignons 2 in Würfel geschnittene Fleischtomaten verwenden.

Mein Tip
Kombinieren Sie Brunnenkresse möglichst immer mit anderen Gemüsen, wenn Sie sie als Salat servieren wollen.

Aal in Kressesauce

2 Handvoll Brunnenkresse · 1 kg frischer Aal
Salz · Pfeffer · 4 Eßl. Weizenvollkornmehl Type 1050
2 Knoblauchzehen · 2 Schalotten · 50 g Butter
1 Bund Petersilie · ½ l trockener Weißwein
2 getrocknete Salbeiblätter · 1 Lorbeerblatt
1 Teel. getrockneter Thymian · 1 Becher Joghurt
(175 g) · 3 Eigelbe · ½ Becher Sahne (100 g)

Zubereitungszeit: 1 Stunde 20 Minuten

Die Brunnenkresse gründlich in heißem Wasser waschen, von den Hauptstengeln zupfen und abtropfen lassen. Den Aal häuten und in 4–5 cm lange Stücke schneiden, salzen, pfeffern und in Mehl wenden, etwas abklopfen.
Den Knoblauch und die Zwiebeln schälen und hacken.
In einer schweren Pfanne mit Deckel die Butter heiß werden lassen, die Aalstücke hineingeben und von allen Seiten leicht anbraten. Die gehackten Zwiebeln und den Knoblauch dazugeben und einige Male umrühren.
Die Petersilie waschen und feinhacken, die abgetropfte Brunnenkresse feinschneiden. Je die Hälfte davon beiseite stellen, die andere Hälfte zum Aal in die Pfanne geben und mit dem Weißwein auffüllen. Mit dem Salbei, dem Lorbeerblatt und dem Thymian würzen; zum Kochen bringen und bei milder Hitze in 25 Minuten zugedeckt garen.
Die Aalstücke aus dem Topf nehmen und warm stellen. Das Lorbeerblatt aus dem Sud nehmen. Dann den Sud ohne Deckel unter gelegentlichem Umrühren auf ein Viertel der ursprünglichen Menge einkochen, in den Mixer gießen, die beiseite gestellte Kresse und die Petersilie sowie den Joghurt zugeben und die Sauce pürieren. In den Topf zurückgießen.
Die Eigelbe mit der Sahne verquirlen und unter die Sauce rühren, nicht mehr kochen lassen.
Die Aalstücke in die Sauce geben und heiß servieren.
Dazu passen neue Kartoffeln.

Butterpilz

*Suillus luteus, Föhrenschwamm, Glauskerl, Kieferling,
Masling, Pomeisl, Ringpilz, Rotzling, Schälpilz,
Schleimchen, Schmerling*

Sammelzeit: Sommer und Herbst

*Dieser Pilz mit den vielen Namen, die ihm der
Volksmund liebevoll gegeben hat, ist vor allem im
Kiefernwald zu Hause. Auf sandigem Boden kann man
ihn manchmal gleich in ganzen Trupps finden. In allen
Brauntönen von gelbbraun bis schokoladenfarben
schimmert sein glänzend schleimiger Hut. Die Röhren
sind heller bis dunkler gelb und bei jungen Exemplaren
von einer weißen Hülle bedeckt. Der kräftige Stiel ist
oben blaßgelb, weiter unten dunkler und mit einer
Manschette umgeben.
Wahrscheinlich ist der Butterpilz nicht zuletzt deshalb
so beliebt, weil man ihn kaum verwechseln kann, und
auch seine nächsten Verwandten, Goldröhrling und
Körnchenröhrling, eßbar sind.
Nachdem man die schleimige Huthaut entfernt hat,
am besten gleich an der Fundstelle,
kann man ihn braten oder dünsten oder in
Mischpilzgerichten verwenden.*

Butterpilzrisotto

Butterpilze haben ein besonders feines Pilzaroma, das
sich, wie ich meine, mit dem Wohlgeschmack der
Steinpilze durchaus messen kann. In einem Risotto
kommt dieser Geschmack vorzüglich zur Geltung.
Zudem hat dieses Gericht den Vorteil, daß auch ein
nicht allzu großer Fund schon eine Mahlzeit für 4 Personen ergibt.

*4 Tassen italienischer Risotto-Reis · 250–500 g
Butterpilze · 1 große Zwiebel · 40 g Butter
6 Tassen Wasser oder Gemüsebrühe · Salz · 1 Bund
Petersilie · 2 Eßl. Crème fraîche · frisch gemahlener
Pfeffer · 50 g geriebener Parmesankäse*

Zubereitungszeit: 45 Minuten

Den Reis waschen und gut abtropfen lassen.
Den Butterpilzen die schleimige Huthaut abziehen,
vorsichtig putzen und ganz kurz unter fließendem
Wasser waschen; nicht im Wasser liegen lassen. Die
Stiele nicht verwenden, die Pilzhüte blättrig schnei-
den.
Die Zwiebel schälen und feinhacken.
Die Butter in einem Topf erhitzen, die Zwiebeln darin
glasig braten. Den Reis hineingeben, leicht anrösten
und mit Wasser oder Gemüsebrühe auffüllen. Mit
Salz abschmecken. Den Reis in etwa 10 Minuten bei
mittlerer Hitze zugedeckt garen.
Die Butterpilze zugeben und noch weitere 10 Minuten bei schwacher Hitze mitgaren lassen.
Die Petersilie waschen und feinhacken.
Das Risotto vom Herd nehmen, die Crème fraîche
und die Petersilie unterrühren, mit Salz und Pfeffer
abschmecken. Nach Belieben Parmesankäse darüberstreuen.

Mein Tip

Verwenden Sie nur junge, feste Pilze, bei größeren
Exemplaren entfernen Sie am besten den
Schwamm. Die Pilzstiele kann man trocknen und
zu Pilzpulver zerstoßen.

Eichel

Quercus robur, Sommereiche, Stieleiche

Sammelzeit: Herbst

*Die Eiche wächst bei uns in Europa unter den
unterschiedlichsten klimatischen Bedingungen,
bevorzugt aber schweren, feuchten Boden, wie er in
Flußniederungen und Auen anzutreffen ist. Sie ist ein
Baum des Mischwalds. Ihr manchmal bis zu einer
Höhe von 40 m aufragender Stamm wird im Alter rissig
und durchfurcht. Die schönen glatten Blätter sind
ausgelappt und sitzen mit kurzen Stielen meist an
den Enden der Zweige. Die Früchte, die uns hier
vor allem interessieren, stehen einzeln oder in
Gruppen an langen Stielchen, und jede sitzt in einem
halbkugeligen Becher.
Die Eicheln der Trauben- oder Wintereiche (Quercus
petraea), die ganz ähnlich aussieht wie die hier
beschriebene Sommereiche, haben keinen Stiel, sind
aber ebenfalls in der Küche verwendbar.
Eicheln wurden bei uns traditionell zu Kaffee-Ersatz
verarbeitet, man kann sie aber auch, wie das
nebenstehende Rezept zeigt, auf ganz andere
interessante Art verwenden.*

Eicheltrüffel

Eicheln wurden bei uns nur in Notzeiten als mensch-
liches Nahrungsmittel genutzt, meist geröstet, gemah-
len und als Kaffee aufgebrüht. Bei den Indianern
Nordamerikas waren sie ein wichtiges Nahrungsmittel. Sie enthalten ebenso wie Nüsse Fett und Eiweiß,
schmecken aber sehr bitter und müssen deshalb
gründlich vorbehandelt werden. Dazu werden die Eicheln kreuzweise eingeschnitten, auf ein Backblech
gelegt und bei 150 °C solange im Backofen geröstet,
bis die Schalen springen. Dann müssen sie weitere
15 Minuten bei 100 °C rösten. Anschließend werden
sie im Mörser oder in der Küchenmaschine grob zer-
kleinert, in ein Leinensäckchen gefüllt und einen Tag
lang gewässert. Das Wasser muß öfters gewechselt
werden. Die Indianer hängten die Eicheln über Nacht
in einen schnellfließenden Bach. Anschließend werden die Eicheln getrocknet und nochmals 15 Minuten
bei 100 °C geröstet. Der bittere Geschmack ist jetzt
verschwunden, und die Eicheln können in der Mandelmühle feingemahlen und wie Nüsse verwendet
werden.

100 g entbitterte und gemahlene Eicheln
125 g brauner Zucker · 1 Eiweiß · 250 g Schokolade
(zartbitter) · 2 Eßl. Sahne

Zubereitungszeit: 50 Minuten

Die gemahlenen Eicheln mit dem braunen Zucker in
einer Schüssel vermischen. Das Eiweiß steifschlagen
und unterheben. Die Schokolade in Stücke brechen
und im Wasserbad auflösen. Mit der Sahne glattrühren und vom Herd nehmen. Zu den Eicheln geben
und miteinander mischen.
Ein Backblech mit Alufolie belegen, die Trüffelmasse
2 cm dick daraufüllen und glattstreichen. Erkalten
lassen und in 2 cm große Würfel schneiden. Im Kühlschrank aufbewahren.

Mein Tip
Sollten die Eicheln nach dem Wässern und Rösten
noch bitter sein, den Vorgang wiederholen und
erst dann feinmahlen.

Erdbeere

*Fragaria vesca, Besingkraut, Darmkraut, Erbel,
Flohbeere, Hafelsbeer, Rotbeer, Waldbeere*

Sammelzeit: Mai – Juli

*Die zu den Rosengewächsen gehörende mehrjährige
Pflanze ist in Wäldern, im Gebüsch, auf Lichtungen
anzutreffen. Sie hat einen horizontal verlaufenden
Wurzelstock mit Ausläufern, an denen die Blattstiele
mit den Blättern erscheinen; Erdbeerblätter sind
dreizählig und gezähnt, auf der Oberseite dunkler als
auf der Unterseite. Die weißen Blüten stehen in
lockeren Blütenständen. Die leuchtendroten Früchte
sind kugelig und haben viele kleine grüne
Schließfrüchte.
Walderdbeeren waren schon in der Antike als
Sammelfrüchte beliebt, seit dem 14. Jahrhundert
wurden sie in Frankreich, später in England in Kultur
genommen.
Sie werden zu Marmelade, Kompott und Saft
verarbeitet. Getrocknete Blätter der Erdbeere ergeben
einen Tee mit blutreinigender Wirkung. Frische Blätter
legt man auf schlecht heilende Wunden und
Erfrierungen.*

Walderdbeer-Sahnetörtchen

90 g weiche Butter · 90 g Honig · 2 Eigelbe
abgeriebene Schale von 1 Zitrone (unbehandelt)
250 g Weizenvollkornmehl Type 1050
Butter für die Formen · 1½ Becher Sahne (350 g)
400 g frische Walderdbeeren

Zubereitungszeit: 40 Minuten
Ruhezeit für den Teig: 3–4 Stunden

Die Butter mit dem Honig schaumig rühren, die Eigelbe und die abgeriebene Zitronenschale zugeben,
zuletzt das Mehl darunterkneten.
Den gut durchgekneteten Teig zu einer Kugel rollen
und in Alufolie gewickelt 3–4 Stunden in den Kühl-
schrank stellen.
Den Backofen auf 200 °C vorheizen.
10–15 Tortelettformen mit Butter ausstreichen.
Den Teig auf einem bemehlten Backbrett dünn ausrollen, die Tortelettformen damit auslegen. Den Rand
gut andrücken. In den Backofen auf die mittlere
Schiene stellen und in etwa 10 Minuten hellbraun
backen.
Die Torteletts herausnehmen und abkühlen lassen.
Die Sahne steifschlagen. Etwa ein Viertel davon zum
Garnieren in einen Spritzbeutel füllen.
Die Walderdbeeren waschen, abtropfen lassen, auf
Küchenkrepp trocknen und unter die übrige Sahne
mischen. Die Erdbeersahne auf die Torteletts füllen
und mit der Sahne aus dem Spritzbeutel garnieren.

Walderdbeereis

Walderdbeeren sind die Wildform der angebauten
Erdbeeren, die man heute überall zur Erdbeerzeit bekommt, doch ist ihr Aroma unvergleichlich intensiver.
Erst wenn man einmal Walderdbeeren probiert hat,
kann man sich vorstellen, wie Erdbeeren schmecken
können. Der Nachteil ist, daß sie winzig sind und
man sich deshalb sehr oft bücken muß, um eine Portion zu sammeln. Für ein Erdbeereis, das köstlicher

Zum Bild rechts:
Eine köstliche Belohnung für geduldige Sammler: Walderd-
beer-Sahnetörtchen.

schmeckt als jedes gekaufte und außerdem frei von Zucker und chemischen Bindemitteln ist, genügt schon eine kleine Menge – 150 g Walderdbeeren entsprechen ungefähr dem Inhalt einer Tasse.

---

2 Eier · 6 Eßl. milder Honig · 1 Becher Sahne (250 g)
½ Vanilleschote · 150 g Walderdbeeren

Zubereitungszeit: 40 Minuten
Gefrierzeit: 3 Stunden

Die Eier trennen. Die Eigelbe mit dem Honig und 3 Eßlöffeln Sahne verrühren. Die Vanilleschote der Länge nach aufschneiden und das Mark mit einem spitzen Messer herauskratzen. In die Mischung geben und alles zusammen im heißen Wasserbad so lange mit dem Schneebesen schlagen, bis die Masse dicklich geworden ist. Abkühlen lassen.
Die Erdbeeren waschen, auf Küchenkrepp vorsichtig hin- und herschütteln, bis sie trocken sind; anschließend im Mixer pürieren und unter die Creme rühren.
Die Sahne schlagen, bis sie cremig, aber nicht ganz steif ist.
Die Eiweiße in einer anderen Schüssel schlagen, doch nur so lange, daß die Spitzen noch nicht stehen. Die Schlagsahne unter die Creme ziehen, danach die steifgeschlagenen Eiweiße unterheben. Die Masse in eine flache Schale füllen und ins Gefrierfach stellen.
Alle 30 Minuten kräftig mit dem Schneebesen durchschlagen.

Erdbeerwolke

---

500 g Walderdbeeren · 1 Eßl. Arrow-root-Mehl (Pfeilwurzelmehl aus dem Reformhaus) · 1 Tasse Milch
½ Vanilleschote · 2 Eier · 3 Eßl. Sahne
Butter zum Einfetten der Form
20 g Mandelblättchen · 1 Eßl. Butter

Zubereitungszeit: 55 Minuten

Die Walderdbeeren verlesen, kurz mit kaltem Wasser abspülen und abtropfen lassen.
Das Arrow-root mit 2 Eßlöffeln Milch verrühren.
Die Vanilleschote der Länge nach aufschneiden und mit einem spitzen Messer das Mark herausschaben.
Die übrige Milch mit dem Vanillemark und der Vanilleschote kurz aufkochen lassen. Die Vanilleschote herausfischen, das angerührte Arrow-root unterrüh-

ren und noch einmal aufkochen, dann vom Herd nehmen und abkühlen lassen.
Ein Viertel der Walderdbeeren durch ein Sieb streichen oder im Mixer pürieren.
Die Eier trennen, die Eigelbe mit der Sahne verrühren.
Die pürierten Erdbeeren mit dem Schneebesen unter die abgekühlte Creme ziehen, ebenso die mit der Sahne verrührten Eigelbe.
Den Backofen auf 200 °C vorheizen.
Eine feuerfeste Form mit Butter einfetten.
Die Eiweiße schnittfest schlagen und unter die Creme heben.
Die restlichen Erdbeeren in die Form geben, die Creme darauf verteilen und auf der mittleren Schiene des Backofens in 8–10 Minuten überbacken.
Unterdessen die Mandelblättchen in einer Pfanne mit etwas Butter anrösten, über die fertiggebackene Erdbeerwolke streuen und sofort servieren.

Variante: Auch mit Himbeeren ist dieser köstliche Nachtisch eine Wolke. Weil Himbeeren nicht ganz so süß sind wie Walderdbeeren, gibt man noch 1 Eßlöffel milden Honig in die Creme.

Walderdbeerbowle

---

500 g Walderdbeeren · 1 Eßl. Zucker
1 Zitrone (unbehandelt)
1 l trockener Weißwein · 1 Flasche Sekt
¼ l kohlensäurehaltiges Mineralwasser

Zubereitungszeit: 10 Minuten
Ansetzzeit: 1–2 Stunden

Die Erdbeeren kurz unter fließendem kaltem Wasser waschen, gut abtropfen lassen. Mit dem Zucker, dem Saft der Zitrone und etwas abgeriebener Zitronenschale vermischen. ½ l Wein, der Zimmertemperatur haben sollte, dazugießen. 1–2 Stunden ziehen lassen.
Den übrigen Wein, den Sekt und das Mineralwasser gut kühlen.
Dann mit dem restlichen Wein und kurz vor dem Servieren mit Sekt und Mineralwasser auffüllen.

Giersch

*Aegopodium padagraria, Geißfuß, Gichtkraut,
Hasenkraut, Salatdolde*

Sammelzeit: April – Juni

*Jedem Gartenbesitzer ist der Giersch als kaum
auszurottendes »Unkraut« bekannt. Die Pflanze
bevorzugt Plätze im Halbschatten und bildet in
Wäldern, Auen, Parks und Gebüschen ausgedehnte
Bodenteppiche. Die gestielten Blätter sind doppelt
dreizählig und an den Rändern gezähnt. Die Pflanze
wird bis 90 cm hoch und blüht in weißen Doppeldolden
auf unbehaarten, glatten Stengeln.
Da man die Blüten des Giersch mit denen anderer
weißer Doldenblütler verwechseln kann, sollte man sich
die charakteristische Blattform gut einprägen. Aus den
jungen Blättern kann man Gemüse, Salat oder auch
Saft bereiten. Man sollte sie auch einmal gemischt mit
Brennesseln, Bärlauch und Scharbockskraut versuchen,
die an denselben Plätzen zu finden sind.
Seit altersher wird Giersch auch als Heilmittel gegen
rheumatische Erkrankungen verwendet.*

Gierschauflauf

750 g Gierschblätter · 1 große Zwiebel
100 g gekochter Schinken · 2 Eier · 1 Eßl. Sojamehl
½ Becher Sahne (100 g) · 1 Teel. Salz · weißer
Pfeffer · etwas geriebene Muskatnuß · ½ Teel.
Tabasco-Sauce · 50 g Butter · 100 g Emmentalerkäse
in dünnen Scheiben

Zubereitungszeit: 1 Stunde

Den Giersch waschen und abtropfen lassen, größere
Stengel entfernen. In einem großen Topf 2 l Wasser
zum Kochen bringen, den Giersch hineingeben, kurz
aufwallen lassen und auf ein Sieb schütten. Die Flüs-
sigkeit leicht herausdrücken. Anschließend die
Gierschblätter feinhacken oder im Mixer pürieren.
Den Backofen auf 220 °C vorheizen.
Die Zwiebel schälen und hacken, den Schinken in
Würfel schneiden und beides unter den Giersch mi-
schen.
Die Eier trennen, die Eigelbe mit dem Sojamehl und
der Sahne verrühren, die Mischung zum Gemüse gie-
ßen. Mit Salz, Pfeffer, Muskat und Tabasco-Sauce
würzen.
Eine feuerfeste Form mit 10 g Butter ausstreichen.
Die Eiweiße mit einer Prise Salz steifschlagen, unter
die Gierschmasse ziehen und das Ganze in die gebut-
terte Form gießen. Die Käsescheiben obenauf legen,
den Auflauf mit Butterflöckchen aus der restlichen
Butter besetzen.
Den Gierschauflauf auf die mittlere Schiene des
Backofens setzen und in 40 Minuten überbacken.
Während der ersten 30 Minuten der Backzeit die
Form mit Alufolie abdecken.

Mein Tip
Wenn sich im Frühjahr in den Gartenecken die
ersten Gierschblätter zeigen, sollte man dieses
»Unkraut« nicht achtlos ausreißen, sondern zu
einem feinen und gesunden Salat verwenden.
Zu Sellerie paßt das Gierscharoma besonders gut.

Gierschquarksauce

250 g Magerquark oder gekörnter Frischkäse
1 Becher saure Sahne (200 g) · 1 Handvoll Giersch
1 Bund Schnittlauch · 1 Teel. Zitronensaft
¼ Teel. edelsüßes Paprikapulver · Salz
frisch gemahlener schwarzer Pfeffer

Zubereitungszeit: 15 Minuten

Den Quark oder Käse mit der sauren Sahne verrühren. Den Giersch und den Schnittlauch waschen und kleinschneiden, zusammen mit dem Zitronensaft, dem Paprikapulver, Salz und Pfeffer zum Quark geben und alles kräftig durchschlagen.
Diese Sauce hält sich im Kühlschrank 2–3 Tage und paßt zu Folienkartoffeln, Pellkartoffeln und zu kalt servierten Gemüsegerichten.

Gierschomelette als Suppeneinlage

200 g Gierschblätter · 3 Eier · 2 Eßl. Sahne
1 Prise Pfeffer · Salz · 30 g Butter

Zubereitungszeit: 40 Minuten

Die Gierschblätter gründlich waschen, dickere Stengel entfernen. Etwas kochendes Wasser über die Blätter gießen, anschließend gut abtropfen lassen und leicht ausdrücken. Die Blätter feinhacken.
Die Eier mit der Sahne verquirlen und mit Pfeffer und Salz würzen.
Die Butter in einer Pfanne zerlassen und die Eiersahne darin bei mittlerer Hitze in der zugedeckten Pfanne stocken lassen.
Die gehackten Gierschblätter gleichmäßig auf der Omelette verteilen und diese zu einer Rolle formen. Die Omelette in einem Topf mit Siebeinsatz über siedendem Wasser 15 Minuten dämpfen. Herausnehmen und in 1 cm breite Streifen schneiden.
Man serviert die Omelettestreifen in einer klaren Fleischbrühe.

Zum Bild links:
Aus dem ganz zu Unrecht als »Unkraut« verschrienen Kraut bereiten Sie die feine Gierschquarksauce und Gierschomelette als Suppeneinlage.

Chinesische Eierkuchenrollen mit Gierschfüllung

Für die Füllung:
150 g Gierschblätter · 100 g Möhren · 2 Teel.
Sojasauce · 1 Teel. Stärkemehl · ½ Teel. Salz · 1 Ei
Für die Eierkuchen:
4 Eier · 20 g Butter

Zubereitungszeit: 30 Minuten

Den Giersch gründlich waschen und kurz mit kochendem Wasser überbrühen, abtropfen lassen und feinhacken. Die Möhren schälen und würfeln.
Den Giersch, die Möhren, die Sojasauce, das Stärkemehl, das Salz und das Ei in einer Schüssel gut vermischen.
In einer anderen Schüssel die 4 Eier für die Pfannkuchen kurz mit dem Schneebesen aufschlagen.
Die Hälfte der Butter in eine Pfanne geben und zerlaufen lassen. Sofort die Hitze reduzieren und die Hälfte der aufgeschlagenen Eier hineingießen. Die Pfanne schnell und vorsichtig nach allen Seiten kippen, so daß ein dünner Pfannkuchen von etwa 20 cm Durchmesser entsteht. Noch auf der Oberfläche befindliches, ungestocktes Ei in die Schüssel zurückgießen. Sobald der Pfannkuchen fest ist – nach höchstens 1 Minute – mit dem Pfannenheber auf einen Teller legen.
Auf die gleiche Weise noch einen weiteren Pfannkuchen bereiten und auf einen zweiten Teller legen. Den nicht verwendeten Rest der aufgeschlagenen Eier aufheben.
Die Gierschfüllung auf beiden Pfannkuchen verteilen. Wie eine Biskuitrolle aufwickeln, die Ränder mit etwas rohem Ei bestreichen und festdrücken, damit sie zusammenhalten.
Kochendes Wasser bis 2½ cm unterhalb des Einsatzes in einen Dampftopf gießen. Verwendet man einen Drucktopf, das Ventil unbedingt offenlassen. Die Pfannkuchen auf einen feuerfesten Teller legen, dessen Durchmesser 1 cm kleiner als der des Topfes ist. Auf den Einsatz stellen und den Topf schließen. Über schwach kochendem Wasser die Pfannkuchen 20 Minuten dämpfen.
Den Teller herausnehmen, die Rollen diagonal in 1 cm dicke Scheiben schneiden und heiß auftragen.

Variante: Statt der Möhren können Sie auch Hackfleisch in die Füllung mischen.

Hallimasch

*Armillariella mellea, Armbandpilz, Heckenschwamm,
Hohlmütze, Honigringling, Michaelischwamm,
Schulmeisterpilz, Stubbling, Watzlawski, Wenzelspilz*

Sammelzeit: Juli – November

*Wenn der Hallimasch erst einmal wächst, erscheint er
gleich massenhaft, und zwar mit Vorliebe am lebenden
Holz, je nach Art bevorzugt im Laub- oder Nadelwald.
Er wächst in Bündeln und kann gleich körbeweise nach
Hause getragen werden.
Der dünnfleischige, honiggelbe bis mittelbraune Hut ist
zunächst geschlossen, später gewölbt, wobei der Rand
nach innen gebogen ist. Im Alter ist er dann flach
ausgebreitet. Auf der Huthaut sitzen dunkle Schuppen.
Die Lamellen sind dünn und gelblich oder
hellbräunlich. Der gelbe oder braune Stiel ist schlank,
am Fuß häufig verdickt und trägt unter dem Hut eine
Manschette.
Verwechseln kann man den hier beschriebenen
Hallimasch mit anderen Hallimascharten, aber auch
mit dem eßbaren Stockschwämmchen und den
Schüpplingen, wobei der Nadelholzschüppling giftig ist.
Hallimasch ist roh giftig und muß mindestens
20 Minuten gekocht werden.*

Hallimasch in Essig eingelegt

Der Hallimasch eignet sich wegen seines starken Pilz-
aromas und seiner festen Konsistenz gut zum Einlegen in Essig, während andere Pilze dabei oft an Geschmack verlieren und zu weich werden. Im Spätherbst findet man ihn in großen Büscheln, meist an alten Baumstümpfen wachsend. Man verwendet nur
die Hüte, die Stengel sind zähfaserig.

---

500 g Hallimaschköpfe · 150 g Zwiebeln
2 Knoblauchzehen · 1 l Wasser · 1 l Weinessig
7 Lorbeerblätter · 2 Eßl. Pfefferkörner · 2 Eßl. Senf-
körner · 2 Teel. Salz · 1 Eßl. brauner Zucker
3 Eßl. Olivenöl

Zubereitungszeit: 1 Stunde 30 Minuten
Durchziehzeit: 2 × 4 Tage

Die Hallimaschköpfe waschen, abtropfen lassen und
in nicht zu dünne Scheiben schneiden. In gesalzenem
Wasser 15 Minuten blanchieren. Die Zwiebeln und
die Knoblauchzehen schälen, die Zwiebeln in Ringe,
den Knoblauch in Scheiben schneiden. Das Wasser
und den Weinessig mit den Zwiebeln, dem Knoblauch und den übrigen Gewürzen kurz aufkochen lassen. Nach 5 Minuten abseihen und den Sud abkühlen
lassen. Die im Sieb zurückgebliebenen Zwiebelringe
und Knoblauchscheiben sowie die Gewürze mit den
Pilzscheiben abwechselnd in Gläser schichten und
mit dem Sud übergießen. Die Gläser gut verschließen
und kühl stellen.
Nach 4 Tagen den Sud abgießen, nochmals aufkochen, abkühlen lassen und wieder über die Pilze
und Gewürze füllen. Den Vorgang nach weiteren
4 Tagen noch einmal wiederholen.
Vor dem endgültigen Verschließen der Gläser den
Ansatz mit dem Olivenöl übergießen.
Essigpilze verwendet man als Beilage zu Wurst, Käse,
Braten und für pikante Salate.

Haselnuß

Corylus avellana, Hasel, Titternuß

Sammelzeit: Spätsommer – Herbst

Die Haselnuß ist fast überall in Europa in Mischwäldern zusammen mit Buchen, Eichen und Tannen oder in Hecken und Gebüschen anzutreffen. Sie kommt als bis 6 m hoher Strauch oder seltener als Baum vor. Die spitz-eiförmigen Blätter sind behaart und gezähnt. Die Kätzchen erscheinen im Frühjahr noch vor den Blättern, die männlichen werden bis 8 cm lang und hängen herunter, die weiblichen stehen knospenförmig aufrecht. Die Früchte sind runde braune Nüsse, die in einer geschlitzten, glockigen Hülle sitzen und von einer harten Schale umgeben sind.

Schon im Altertum wurden Haselnüsse nicht nur gesammelt, sondern auch angebaut; Haselnußkulturen sind heute vor allem in Italien verbreitet.

Die Nüsse sind eine beliebte Zutat zu Kuchen und Kleingebäck und besonders aromatisch, wenn man sie vor dem Mahlen trocken in einer Pfanne röstet. Sie enthalten zahlreiche Vitamine und Mineralstoffe.

Haselnußkonfekt

150 g Haselnußkerne · 3 Eiweiße · 250 g brauner Zucker · 3 Eßl. Honig · rechteckige Oblaten

Zubereitungszeit: 30 Minuten
Trockenzeit: 2 Tage

Die Haselnüsse in eine trockene Pfanne geben und unter Schütteln so lange erhitzen, bis die braunen Häutchen abspringen (nicht anbrennen lassen!). Die Hälfte der Haselnüsse mit der Nußmühle mahlen, die andere Hälfte grobhacken. In einer Pfanne die Eiweiße mit dem Zucker verrühren, den Honig dazugeben und bei schwacher Hitze so lange rühren, bis sich die Masse bindet. Nun die gehackten und gemahlenen Nüsse dazugeben und kräftig rühren; die Masse muß glänzen. Etwas abkühlen lassen, dann etwa 1 cm hoch auf Oblaten streichen. Mit einer zweiten Oblate abdecken. Ein Brett auf die Konfektstücke legen, beschweren und an einem kühlen Ort trocknen lassen. Am nächsten Tag das Konfekt mit einem scharfen Messer in Rechtecke oder Quadrate schneiden. Noch einen Tag trocknen lassen.

Haselnußcrêpes

Rezept für 6 Personen

Für die Crêpes:

3 Eier · 1 Tasse Milch · 1 Tasse kohlensäurehaltiges Mineralwasser · ½ Teel. Salz · 100 g Weizenvollkornmehl Type 1050 · 1 Eßl. Sonnenblumenöl

2 Eßl. Cointreau (Orangenlikör)

50 g Butter zum Ausbacken und für die Form

Für die Füllung:

200 g Haselnußkerne · 50 g Weizenkeime · 2 Eßl. Sesam · 2 Eier · 250 g Magerquark · 1 kleine Zwiebel

1 Knoblauchzehe · 20 g Butter · Salz

Zubereitungszeit: 1 Stunde
Ruhezeit für den Teig: 1 Stunde

Die Eier mit dem Schneebesen aufschlagen und mit der Milch, dem Mineralwasser und dem Salz verrühren. Nach und nach das Mehl dazusieben (die ausgesiebte Kleie für die Füllung beiseitestellen) und zu einem glatten Teig verrühren. Das Öl und den Orangenlikör hinzufügen und den Teig 1 Stunde ruhen lassen.

Für die Füllung die Haselnüsse mahlen. Die Weizenkeime und den Sesam in der trockenen Pfanne unter Rühren leicht anrösten.

Die Eier aufschlagen, den Quark darunterziehen und die Haselnüsse, die Weizenkeime und den Sesam sowie die ausgesiebte Kleie hineinrühren.

Die Zwiebel und die Knoblauchzehe schälen und reiben. Die Butter erhitzen, Zwiebel und Knoblauch darin kurz braten und anschließend unter die Haselnußmasse rühren, mit Salz abschmecken.

Den Backofen auf 175 °C vorheizen.

Wenn der Teig eine Stunde geruht hat, etwas Butter in einer schweren Pfanne zerlassen und sehr dünne Crêpes backen (3 Eßlöffel Teig pro Stück).

Die Crêpes auf einen vorgewärmten Teller legen, jeweils mit 3–4 Eßlöffeln der Haselnußmasse füllen und zusammenrollen.

Eine flache Auflaufform mit Butter dünn ausstreichen und die Rollen nebeneinander hineinlegen. Die Form auf die mittlere Schiene des Backofens stellen und die Crêpes 20 Minuten überbacken.

Dazu paßt eine Preiselbeer-Cumberlandsauce, wie sie auf Seite 77 beschrieben ist.

Haselnußcreme mit Rum

---
100 g Haselnußkerne · 6 cl Rum · 6 Eigelbe
100 g brauner Zucker · ½ Vanilleschote · ¼ l Milch
1 Päckchen gemahlene weiße Gelatine
1 Becher Sahne (200 g)

Zubereitungszeit: 30 Minuten
Kühlzeit: 1 Stunde

Die Haselnüsse mahlen, einige Nüsse zum Dekorieren blättrig schneiden. Die gemahlenen Haselnüsse mit dem Rum beträufeln und zugedeckt ziehen lassen. In einem Topf die Eigelbe mit dem Zucker schaumig rühren, die Vanilleschote aufschneiden, das Mark mit einer Messerspitze herauskratzen und dazugeben. In einem anderen Topf die Milch erhitzen und vorsichtig (damit die Eigelbe nicht gerinnen) unter ständigem Schlagen mit dem Schneebesen zu den Eigelben gießen. Die Mischung bei sehr schwacher Hitze noch mindestens 10 Minuten weiterschlagen, bis sie cremig wird. Abkühlen lassen.

Inzwischen die Gelatine nach Vorschrift auflösen, 5 Minuten stehen lassen und in die Creme rühren. Die Creme in den Kühlschrank stellen, bis sie anfängt, fest zu werden.

Die Sahne steifschlagen und unter die leicht gelierte Creme ziehen. In 4 Portionsgläser zuerst eine Schicht Creme, dann eine Schicht Rumhaselnüsse füllen, darüber wieder eine Schicht Creme. In den Kühlschrank stellen und fest werden lassen.

Vor dem Servieren mit blättrig geschnittenen Haselnüssen bestreuen.

Haselnuß-Apfel-Dessert

Mit selbstgeernteten, frisch geknackten Haselnüssen schmeckt dieses gesunde Dessert besonders gut.

---
150 g Haselnußkerne · 2 große Äpfel
1 Eßl. Zitronensaft · 3–4 Eßl. Wald- oder
Lindenblütenhonig · 1 Becher Sahne (200 g)
¼ Teel. gemahlene Vanille

Zubereitungszeit: 20 Minuten

Die Haselnüsse grobhacken, einige zum Verzieren zurückbehalten.

Die gewaschenen Äpfel vierteln, vom Kernhaus befreien und mit der Schale feinwürfeln. Sofort mit dem Zitronensaft beträufeln, damit sie nicht braun werden. Die Nüsse und die Äpfel mit dem Honig mischen.

Die Sahne mit der gemahlenen Vanille steifschlagen. Mit dem Nuß-Apfel-Salat mischen. In eine Schüssel oder in Portionsschalen füllen und mit den zurückbehaltenen Nüssen verzieren.

Zum Bild rechts:
Frisch und gesund: Das Haselnuß-Apfel-Dessert für morgens, mittags, abends.

Heidelbeere

*Vaccinium myrtillus, Bickbeere, Blaubeere,
Krähenauge, Kuhbeere, Pickelbeere, Roßbeere,
Schnuderbeere, Schwarzbeere, Sentbeere, Taubeere,
Waldbeere, Wehlen, Worbel*

Sammelzeit: Juli, August

*Vor allem in lichten Wäldern, in Heide und Moor ist
dieser niedrige Halbstrauch zu finden. Die Äste sind
grün und kantig und mit kleinen grünen Blättern
besetzt, deren Rand gesägt ist. Aus den kugeligen
hellgrünen oder rosa Blüten in den Blattachseln
entwickeln sich die begehrten blauschwarzen runden
Früchte, die meist mit Reif bedeckt sind.
Zu verwechseln sind Heidelbeeren eigentlich mit keiner
anderen Frucht. Man ißt sie roh und bekommt eine
blaue Zunge dabei oder verarbeitet sie zu Kompott,
Marmelade oder Saft. Auch Heidelbeerwein ist sehr
beliebt, und im Elsaß wird ein berühmter
Heidelbeergeist aus den aromatischen Früchten
bereitet. Getrocknete Heidelbeeren, in Form einer
konzentrierten Abkochung, wirken gegen Durchfall und
Verdauungsbeschwerden, besonders bei Säuglingen
und Kleinkindern.*

Heidelbeerpfannkuchen

Heidelbeeren, frisch aus dem Wald und auf Pfannkuchen gebacken, wie man sie in Westfalen liebt.

250 g Heidelbeeren · 50 g brauner Zucker
150 g Weizenvollkornmehl Type 1050 · 1 Prise Salz
2 Eier · 1 Tasse Milch · Butter zum Braten
50 g gemahlene Haselnußkerne

Zubereitungszeit: 40 Minuten

Die Heidelbeeren verlesen, waschen und gut abtropfen lassen; mit Zucker bestreuen und durchziehen lassen. Aus dem Mehl, dem Salz, den Eiern und der
Milch einen nicht zu dünnen Pfannkuchenteig rühren.
In einer schweren Pfanne etwas Butter erhitzen, ein
Viertel des Teigs einfüllen und nach allen Seiten zerlaufen lassen. Auf den Teig 3 Eßlöffel Heidelbeeren
verteilen. Den Pfannkuchen vorsichtig umwenden
und zugedeckt 6–8 Minuten backen.
Auf einen vorgewärmten Teller stürzen.
Auf die gleiche Weise die übrigen Pfannkuchen bakken.
Mit den gemahlenen Haselnüssen bestreut anrichten.

Heidelbeeren mit Bananen

250 g frische oder tiefgekühlte Heidelbeeren
6 Eßl. Honig · 20 g Butter · 2 Bananen
Saft von ½ Zitrone · 1 kleines Glas Rotwein

Zubereitungszeit: 25 Minuten

Die frischen Heidelbeeren verlesen, waschen und abtropfen lassen, mit 3 Eßlöffeln Honig verrühren und
zugedeckt durchziehen lassen. Tiefgefrorene Beeren
sofort mit Honig verrühren und dann auftauen lassen.
In einer Pfanne die Butter erhitzen. Die Bananen
schälen, längs halbieren und mit Zitronensaft beträufeln. In die Pfanne legen. Den übrigen Honig mit dem
Rotwein verrühren und darübergießen. Die Bananen-
hälften in 4–6 Minuten weichbraten, dabei die Bananen immer wieder mit der Wein-Honig-Mischung begießen.
Je eine Bananenhälfte auf einen Dessertteller legen
und die Heidelbeeren darauf verteilen.

Heidelbeertorte

Für den Teig:
150 g Weizenvollkornmehl Type 1050 · 1 Messerspitze
Backpulver · 100 g Butter · 40 g brauner Zucker
1 Eigelb · 2 Eßl. Sahne · Salz
Butter für die Form
Für den Belag:
1 Becher Sahne (200 g) · 3 Eßl. Honig
300 g Heidelbeeren

Zubereitungszeit: 40 Minuten
Ruhezeit für den Teig: 1–2 Stunden

Das Mehl auf ein Backbrett sieben, das Backpulver
damit vermischen, die Butterflöckchen, den Zucker,
das Eigelb, die Sahne und 1 Prise Salz zugeben. Die
Zutaten mit einem Messer hacken und schnell zu
einem glatten Teig verkneten. Für 1–2 Stunden in den
Kühlschrank stellen.
Den Backofen auf 200 °C vorheizen.
Die Heidelbeeren verlesen, waschen und gut abtropfen lassen; mit dem Honig vermischen.
Die Sahne steifschlagen.
Den Teig ausrollen. In eine gefettete Kuchenform
(24 cm Durchmesser) legen, den Rand rundherum
fingerbreit hochdrücken. Den Boden mit der Gabel
mehrmals einstechen. Auf die mittlere Schiene des
Backofens stellen und 20 Minuten backen.
Den Kuchenboden abkühlen lassen, mit der geschla-
genen Sahne bestreichen, die Heidelbeeren darauf
verteilen.
Der Kuchen sollte in 8 große Stücke geschnitten und
als Dessert serviert werden.

Mein Tip

Liebhaber von Streuselkuchen verteilen die Heidelbeeren auf dem noch rohen Tortenboden. 50 g
Butter zerlassen, mit 100 g Weizenvollkornmehl
und 2 Eßl. braunem Zucker verrühren. Diese
Streuselmasse über die Heidelbeeren verteilen
und die Torte backen.

Heidelbeerdatschi

Ein Hefekuchen, der dick mit Früchten belegt ist,
heißt in Bayern Datschi. Je frischer er auf den Tisch
kommt, um so köstlicher schmeckt er, am besten
gleich warm aus dem Ofen.

40 g Hefe · 1 kleine Tasse lauwarme Milch
100 g weiche Butter · 100 g Honig · 3 Eigelbe
abgeriebene Schale von 1 Zitrone (unbehandelt)
500 g Weizenvollkornmehl Type 1050 · Butter zum
Einfetten des Bleches und des Teigs
750–1000 g frische Heidelbeeren

Zubereitungszeit: 1 Stunde 15 Minuten
Ruhezeit: 50–60 Minuten

Die Hefe in der handwarmen Milch auflösen. Die
Butter mit dem Honig und den Eigelben schaumig
rühren. Die Zitronenschale dazugeben. Das Vollkornmehl abwechselnd mit der Hefemilch unter den Teig
arbeiten. Den ziemlich weichen Teig mit der Küchenmaschine oder einem Rührlöffel kurz und kräftig
durchkneten. Zugedeckt an einem kühlen Platz etwas
gehen lassen.
Ein Backblech mit Butter einfetten und mit Mehl bestäuben.
Den Teig gut durchkneten, zu einer Rolle formen, auf
die Mitte des Bleches legen und mit einem bemehlten
Teigroller gleichmäßig nach beiden Seiten ausrollen,
dabei an den Rändern etwas hochziehen. Den Teig
noch 20–30 Minuten zugedeckt auf dem Blech gehen
lassen.
Inzwischen die Heidelbeeren verlesen, waschen und
auf einem Sieb abtropfen lassen.
Den gegangenen Teig mit Butter bestreichen, die Heidelbeeren darauf verteilen. Das Blech auf die mittlere
Schiene des kalten Backofens schieben und bei 200 °C
35 Minuten backen.
Den fertigen Datschi schneidet man auf dem Blech in
Stücke. Nach Belieben mit braunem Zucker oder
Zucker und Zimt bestreuen und mit Schlagsahne servieren.

Heidelbeerblinis

10 g frische Hefe · 2½ Tassen Milch
250 g Buchweizenmehl · 500 g Heidelbeeren
150 g brauner Zucker · 1 Teel. Zimt · 4 Eier
5 Eßl. Weizenvollkornmehl Type 1050
100 g Sahne · 1 Prise Salz · Butter oder Margarine
zum Ausbacken · 1 Becher saure Sahne (200 g)

Zubereitungszeit: etwa 1 Stunde
Ruhezeit: 1 Stunde 30 Minuten

Die Hefe in 1 Tasse lauwarmer Milch auflösen und
mit dem Buchweizenmehl verrühren. Den Teig zugedeckt an einem kühlen Platz etwa 1½ Stunden gehen
lassen, bis er doppelt so hoch ist.
Die Heidelbeeren verlesen, waschen und abtropfen
lassen. Mit dem braunen Zucker und dem Zimt verrühren und 1 Stunde durchziehen lassen.
Die Eier trennen. In den gegangenen Teig die Eigelbe
und das Weizenmehl rühren. Die Sahne hinzufügen
und die restliche Milch zugießen, bis der Teig so dünn
wie Pfannkuchenteig ist. Die Eiweiße mit 1 Prise Salz
steifschlagen und darunterziehen.
In einer Pfanne etwas Butter oder Margarine zerlassen und aus jeweils 2 Eßlöffeln Teig bei mäßiger Hitze kleine Blinis wie Pfannkuchen knusprig backen.
Auf jedes Blini einen Tupfer saure Sahne geben und
die Heidelbeeren darauf verteilen.

Heidelbeerkäsekuchen

Für den Teig:
125 g grobe Haferflocken · 50 g Weizenvollkornmehl
Type 1050 · 1 Eßl. Gomasio (aus dem Reformhaus)
½ Teel. Zimt · 5 Eßl. heißes Wasser
2 Eßl. Sonnenblumenöl · 2 Eßl. Honig
Für die Füllung:
350 g Heidelbeeren · 500 g Doppelrahmfrischkäse
2 Eier · 3 Eßl. Honig · 1 Zitrone (unbehandelt)
1 Vanilleschote · Butter für die Form

Zubereitungszeit: 45 Minuten
Backzeit: 45 Minuten

In einer Backschüssel die Haferflocken mit dem Weizenmehl, dem Gomasio und dem Zimt vermischen. In
einer Tasse das heiße Wasser mit dem Sonnenblumenöl und dem Honig verrühren und zu der Haferflockenmischung geben. Alles gut verrühren.
Für die Füllung die Heidelbeeren verlesen, waschen
und abtropfen lassen.
Den Doppelrahmfrischkäse, die Eier und den Honig
in den Mixer geben.
Die Schale der Zitrone abreiben, den Saft auspressen
und beides dazugeben.
Die Vanilleschote der Länge nach aufschneiden und
das Mark mit einer Messerspitze herauskratzen, zu
den übrigen Zutaten geben.
Nun die abgetropften Heidelbeeren in den Mixer
schütten und sämtliche Zutaten pürieren, bis eine
Creme entsteht.
Den Backofen auf 180 °C vorheizen.
Eine Springform von 26 cm Durchmesser mit Butter
einfetten. Den Teig gleichmäßig hineindrücken, einen
3 cm hohen Rand stehen lassen. Die Heidelbeerfül-
lung dick darauf verteilen.
Auf der unteren Schiene des Backofens 45 Minuten
backen. In der Form abkühlen lassen, erst dann den
Springformrand vorsichtig lösen und den Kuchen auf
eine Platte schieben.

Zum Bild rechts:
Alles Süße schmeckt besser mit Heidelbeeren, zum Beispiel
Heidelbeerkäsekuchen und Heidelbeerblinis.

Himbeere

*Rubus idaeus, Ambas, Haarbeere, Hindelbeere,
Hohlbeere, Katzenbeere, Madebeere, Mollbeere,
Mutterbeere, Runtzelbeere, Waldhimmelbeere*

Sammelzeit: Juni – August

*In Wäldern, Gebüschen, auf Lichtungen und in
Bergwäldern ist die Himbeere mit ihren beliebten
Sammelfrüchten zu Hause. Der zu den
Rosengewächsen gehörende Halbstrauch bringt viele
aufrechte, feste Stengel hervor, die mit Stacheln besetzt
sind und 1–2 m hoch werden. Die eiförmigen Blätter mit
dem gezähnten Rand sind wechselständig, auf der
Oberseite hellgrün, unten weißhaarig; die weißen
Blüten bestehen aus 5 Blütenblättern. Die aromatischen
Früchte werden scharlachrot oder seltener auch hellgelb
und bestehen aus lauter kleinen kugeligen
Steinfrüchten.
Die Himbeere erfreut sich solcher Beliebtheit, daß sie
seit langem in Kultur ist. Sie wird ebenso gern roh
gegessen wie zu Marmelade, Gelee und Saft
verarbeitet. Auch alkoholische Getränke werden auf
Himbeerbasis hergestellt, entweder in Form von
Himbeerwein oder – noch berühmter – Himbeergeist.*

Rote Grütze mit Himbeeren

750 g Himbeeren · 4 gestrichene Teel.	
Agar-Agar (8 g) · Saft von 1½ Zitronen	
4 Eßl. Honig · ¼ Teel. gemahlene Vanille	
1 Schnapsgläschen Himbeergeist	
½ l saure Sahne · 1 Eßl. brauner Zucker	

Zubereitungszeit: 30 Minuten
Gelierzeit: 4 Stunden

Die Himbeeren waschen, abtropfen lassen und durch
ein Haarsieb streichen. ¼ l des gewonnenen Marks
mit dem Agar-Agar verrühren und langsam erhitzen,
aber nicht kochen lassen. Das übrige Himbeermark
nach und nach dazugeben und bis kurz vor dem Siedepunkt erhitzen. Vom Herd nehmen, den Saft einer
Zitrone, den Honig und die Vanille dazugeben. Nach
dem Abkühlen den Himbeergeist hineinrühren und
die Masse in kalt ausgespülte Portionsschalen füllen.
In den Kühlschrank stellen und erstarren lassen.
Vor dem Stürzen die Portionsschalen kurz in heißes
Wasser tauchen, damit sich die Grütze besser löst. Die
saure Sahne mit dem braunen Zucker und dem restlichen Zitronensaft verfeinern. Die auf Dessertteller ge-
stürzte Rote Grütze damit umgießen.

Variante: Die Himbeeren können auch mit roten oder
schwarzen Johannisbeeren gemischt werden. Dann
gibt man 2–3 Eßlöffel Honig mehr dazu.

Himbeerbaiserkuchen

Für den Teig:	
100 g Butter · 100 g Honig · 2 Eigelbe · 1 Eßl. Rum	
125 g süße und 5 bittere Mandeln · 125 g Weizen-vollkornmehl Type 1050 · Butter für die Form	
Für den Belag:	
500 g Himbeeren · 2 Eßl. Cointreau (Orangenlikör)	
4 Eiweiße · 3 Eßl. Puderzucker	

Zubereitungszeit: 1 Stunde 15 Minuten

Zum Bild rechts:
Himbeeren schmecken frisch am besten; probieren Sie aber
auch einmal Rote Grütze mit Himbeeren.

Die Butter weich werden lassen, mit dem Honig, den Eigelben und dem Rum schaumig rühren.

Die Mandeln mit kochendem Wasser übergießen, die Haut abziehen; wenn sie trocken sind, feinmahlen und zusammen mit dem Mehl unter den Teig rühren.

Die Form mit wenig Butter einfetten.

Den Teig in die Mitte der Form füllen, mit der Unterseite eines Eßlöffels von der Mitte aus glattstreichen und in Richtung Rand drücken. Einen Rand von etwa 3 cm Höhe stehen lassen. Den Teig vor dem Backen mit einer Gabel mehrmals einstechen. 30 Minuten stehen lassen, damit das Mehl ausquellen kann.

Den Kuchen auf die mittlere Schiene des kalten Ofens schieben und bei 200 °C 25–30 Minuten bakken.

Inzwischen für den Belag die Himbeeren waschen, auf Küchenkrepp gut abtrocknen lassen und in eine Schüssel geben, mit dem Cointreau beträufeln und 20 Minuten zugedeckt ziehen lassen.

Die Eiweiße mit dem Puderzucker zu sehr steifem Schnee schlagen.

Die Hitze im Backofen auf 150° reduzieren, den Kuchen herausnehmen. Die Himbeeren auf dem Boden verteilen, mit einem großen Messer den Eischnee darüberstreichen und den Kuchen nochmals für 10 Minuten in den Backofen schieben. Er ist fertig, wenn die Eiweißspitzen leicht gebräunt sind.

Mitternachts-Obstsalat

3 Bananen · 4 saftige reife Pfirsiche · 2 Orangen

1 Honigmelone (etwa 600 g) · 2 Mangofrüchte

5 Passionsfrüchte · 3 Eßl. brauner Zucker

Saft von 1 Zitrone · 500 g Himbeeren

1 Becher Sahne (200 g)

Zubereitungszeit: 45 Minuten
Kühlzeit: 3–4 Stunden

Die Bananen schälen, in Scheiben schneiden und in eine große Schüssel geben. Die Pfirsiche häuten, Orangen, Honigmelone und Mangofrüchte schälen, entkernen und sämtliche Früchte in Würfel schneiden. Zu den Bananen geben.

Die Passionsfrüchte halbieren, das Mark mit den Kernen herauskratzen und die zerkleinerten Früchte zu den übrigen geben. Zucker und Zitronensaft über der Obstmischung verteilen und das Ganze zugedeckt im Kühlschrank für 3–4 Stunden ziehen lassen.

Die Himbeeren ganz kurz waschen, auf Küchenkrepp gut abtropfen lassen und erst kurz vor dem Servieren zusammen mit der flüssigen Sahne unter den Fruchtsalat mischen. Mit einigen Himbeeren verzieren.

Himbeeressig

Schon bevor es Tiefkühltruhen gab, dachten sich unsere Großmütter eine Konservierungsmethode aus, mit der man das Kochen umgehen kann. Bei diesem Rezept hindern Zucker und Essig den Saft daran, in Gärung überzugehen, und man kann das ganze Jahr über das feine Himbeeraroma genießen.

500 g Himbeeren · ½ l Burgunderessig

675 g Zucker

Zubereitungszeit: 1 Stunde
Ansetzzeit: 24 Stunden
Austropfzeit: 12 Stunden

Die Himbeeren waschen und abtropfen lassen. Auf einem ausgebreiteten Küchentuch vorsichtig hin und her schütteln. In einen Steinguttopf oder eine Schüssel füllen, den Weinessig darübergießen und 24 Stunden im Kühlschrank ziehen lassen.

Ein quadratisches Nesseltuch an allen vier Ecken an die Beine eines umgedrehten Stuhls binden, eine Schüssel zum Auffangen des Saftes darunterstellen. Die Himbeeren mit dem Essig auf das Tuch geben und durchtropfen lassen, ohne sie auszupressen. Über Nacht in einem kühlen Raum stehen lassen.

Am nächsten Tag den gewonnenen Saft abwiegen und die gleiche Menge Zucker mit einem Porzellan- oder neuen Holzlöffel hineinrühren. Mindestens 10 Minuten rühren, bis sich der Zucker vollständig aufgelöst hat. Den sich dabei bildenden Schaum abschöpfen.

In gut gereinigte Flaschen füllen, die kurz vor dem Abfüllen noch einmal mit kochendem Wasser ausgespült werden. Sofort verschließen und beim Verbrauch auf peinliche Sauberkeit achten.

Dieser sirupartige Saft ergibt mit Mineralwasser gemischt eine köstliche Limonade. Unverdünnt kann er als Sauce zu Mehlspeisen, Cremes oder Puddings serviert werden.

Holunder

Sambucus nigra, Alhorn, Elderbaum, Eller, Flieder,
Flier, Holder, Holler, Husholder, Keilken, Kisseke,
Pisseke, Schwarzer Holunder, Zibke

Sammelzeit für Blüten: Mai, Juni
Sammelzeit für Früchte: August, September

Man findet den Strauch oder Baum, der bis 10 m hoch
werden kann, an Hecken, Wegrändern, im Unterholz
und auf Schuttplätzen. Er bringt an seinen
graugrünlichen Ästen unpaarig gefiederte, gezähnte
Blätter hervor. Die Blüten sind weißlichgelb, in üppigen
Trugdolden angeordnet und haben einen
charakteristischen Geruch. Die Früchte, kleine, kugelige
Beeren, werden blauschwarz bis schwarz. Sowohl die
frischen Blütenstände als auch die Beeren finden in der
Küche Verwendung. Aber nicht nur der kulinarische,
sondern auch der medizinische Wert des Holunders ist
seit altersher bekannt.
Der Aufguß aus getrockneten Holunderbeeren wirkt
schweißtreibend. Holunderblütentee und
Holunderbeerensaft sind bewährte und noch dazu
wohlschmeckende Hausmittel gegen Erkältungen der
Atemwege.

Englische Holunderbeerensauce

250 g Holunderbeeren · ½ l Rotwein oder
Rotweinessig · 1 Schalotte · ¼ Teel. Salz
2 Eßl. Pfefferkörner · 1 Prise gemahlene
Muskatblüte · 2 Gewürznelken · ¼ Teel.
gemahlener Ingwer

Zubereitungszeit: 45 Minuten
Ruhezeit: 24 Stunden

Die vollreifen Holunderbeeren waschen, abtropfen
lassen und von den Dolden streifen. In ein Steingut-
oder Porzellangefäß geben. Den Rotwein oder Essig
kurz aufkochen und kochendheiß über die Beeren
gießen. Zugedeckt 24 Stunden an einen warmen Platz
stellen.
Am folgenden Tag den Rotwein absieben.
Die Schalotte schälen und feinhacken. Zusammen
mit sämtlichen Gewürzen in die abgesiebte Flüssigkeit geben und 10 Minuten kochen lassen. Mit den
Gewürzzutaten in eine Flasche füllen.
Die Sauce schmeckt vorzüglich zu Fisch- und Wildgerichten. Sie hält sich sehr lange und gewinnt durch
längeres Lagern noch beträchtlich an Aroma.

Holunderblütensirup

Dieses Getränk lernte ich bei Freunden in Österreich
kennen. Als ich es zum ersten Mal – verdünnt mit ein-
fachem Wasser – probierte und raten sollte, woraus es
gemacht wird, erschien es mir von unergründlicher
Exotik. Inzwischen versäume ich in keinem Sommer,
mir einen Vorrat davon anzulegen, denn geringer
kann der Aufwand für ein so köstliches Getränk gar
nicht sein. Besonders beliebt ist es übrigens bei Kindern.

20–30 Holunderblütendolden · 2 l Wasser
1 kg Zucker · 4 Zitronen (unbehandelt)
40 g Zitronensäure

Zubereitungszeit: 30 Minuten
Ansetzzeit: 2 Tage

Die Holunderblütendolden sorgfältig auf eventuell
darin herumkrabbelnde Insekten untersuchen, anschließend kurz unter fließendem Wasser abspülen.
Das Wasser mit dem Zucker unter Rühren erhitzen,

bis sich der Zucker vollständig aufgelöst hat. Den Topf vom Herd nehmen.

Die Zitronen gründlich waschen, in Scheiben schneiden und in das Zuckerwasser geben; auch die Holunderblüten in den Sud legen. Für zwei Tage an einen sonnigen Platz stellen.

Die Zitronenscheiben und die Holunderblüten entfernen und die Flüssigkeit durch einen Kaffeefilter gießen.

Die Zitronensäure hineinschütten (sie soll verhindern, daß der Sirup in Gärung übergeht) und in Flaschen füllen.

Wenn man den Sirup im Verhältnis 1:6 mit Wasser oder Mineralwasser auffüllt, erhält man ein erfrischendes Getränk für heiße Sommertage.

Grüne Stachelbeermarmelade mit Holunderblüten

Diese Spezialität nach einem englischen Rezept schmeckt weder nach Stachelbeeren noch nach Holunderblüten, sie entwickelt einen völlig neuen, aparten Eigengeschmack. Die Stachelbeeren sollen ihre volle Größe schon erreicht haben, aber noch grün und hart sein. Genau zu dieser Zeit findet man an etwas schattigeren Stellen die letzten Holunderblüten. Um ganz sicher zu gehen, kann man sich auch einen kleinen Vorrat davon in die Tiefkühltruhe legen. Stachelbeeren kommen übrigens auch manchmal wildwachsend vor, besonders an Flußufern und in Auwäldern.

1 kg grüne Stachelbeeren · ¼ l Wasser
750 g brauner Zucker · 1 Zitrone (unbehandelt)
8 Holunderblütendolden (frisch oder tiefgefroren)

Zubereitungszeit: etwa 1 Stunde 15 Minuten

Die Stachelbeeren von Stiel und Blütenansatz befreien, waschen und abtropfen lassen. Zusammen mit dem Wasser und der dünn abgeschnittenen Zitronenschale zum Kochen bringen. Unter häufigem Umrühren in etwa 25 Minuten sehr weich kochen, dann durch ein feines Sieb streichen. Den erhaltenen Brei wiegen. Auf 1 kg Fruchtmus braucht man 750 g braunen Zucker (Verhältnis 4 : 3).

Die Holunderblüten von den Stielen streifen und in einen sauberen Beutel aus Nessel füllen, den Beutel fest zubinden. Mit dem Saft der Zitrone in das Fruchtmus geben und 10 Minuten kochen lassen. Den Beu-

tel herausnehmen. Dann den Zucker nach und nach hineinrühren und weitere 10–15 Minuten unter ständigem Rühren weiterkochen, den sich dabei bildenden Schaum abschöpfen. Die Marmelade ist fertig, wenn sie zähflüssig von einem hineingetauchten Holzlöffel fließt.

In heiß ausgespülte Gläser füllen und sofort verschließen.

Hollerkücherl

12 Holunderblütendolden · 200 g Weizenvollkornmehl
Type 1050 · 2 Eier · ⅛ l Milch oder Bier · 3 Eßl. Rum
2 Teel. Öl · 1 Prise Salz · 1 Prise Zucker
etwa 100 g Kokosfett zum Ausbacken
Zucker und Zimt zum Bestreuen

Zubereitungszeit: 30 Minuten

Eventuell in den Holunderblüten sitzende Insekten entfernen, die Dolden kurz waschen.

Aus dem Mehl, den Eigelben, der Milch oder dem Bier, dem Rum, dem Öl und Salz einen dickflüssigen Pfannkuchenteig rühren. Die Eiweiße mit etwas Zucker zu sehr steifem Schnee schlagen.

Das Fett in einer Pfanne erhitzen. Die Eiweiße unter den Teig heben. Die Blüten am Stiel festhalten, jede einzelne in den Teig tauchen und im Fett schwimmend herausbacken.

Auf eine vorgewärmte Platte legen, mit Zucker und Zimt bestreuen und sofort heiß servieren.

Zum Bild rechts:
Holunderblüten sehen nicht nur dekorativ aus, sie schmecken auch vorzüglich, wenn man daraus Holunderblütensirup oder Hollerkücherl zubereitet.

Kastanie

Castanea sativa, Edelkastanie, Eßkastanie, Marone

Sammelzeit: September, Oktober

Der Kastanienbaum mit den eßbaren Früchten ist in den Mittelmeerländern, vor allem in Italien und auf dem Balkan bis nach Ungarn heimisch; er gedeiht am besten in Bergwäldern, in Höhen zwischen 400 und 1 000 m. In Mitteleuropa wird er in Parks und Gärten, gelegentlich in kleinen Wäldern angepflanzt, kommt aber auch verwildert vor. Der prachtvolle Baum wird bis 30 m hoch, seine schmalen Blätter sind 15–20 cm lang und haben deutlich sichtbare Nerven. Die männlichen Kätzchen duften angenehm und sitzen in weißen, aufrechten Blütenständen, die weiblichen sind klein und unscheinbar.
Die Früchte sind braunglänzende Nüsse, von denen jeweils eine, zwei oder drei in einer mit Stacheln besetzten Fruchtschale stecken.
Die Eßkastanie hat einen hohen Nährwert. Sie wird sowohl als Beilage zu Wild- und anderen Fleischgerichten gereicht als auch zu Süßspeisen und Backwerk verwendet. Köstlich schmecken Kastanien auch auf der Herdplatte gebraten.

Kastaniensuppe

500 g Eßkastanien · ¼ l Fleisch- oder Gemüsebrühe
100 g Mischbrot · Salz · 1 Prise weißer Pfeffer
1 Messerspitze Zucker · 2 Eßl. Butter

Zubereitungszeit: 1 Stunde 25 Minuten

Den Backofen auf 250 °C vorheizen.
Die Kastanien auf der runden Seite quer einschneiden, auf ein Backblech legen und so lange rösten, bis die Schalen aufspringen. Die Kastanien schälen und die dünne braune Haut entfernen.
Zusammen mit der Fleisch- oder Gemüsebrühe die Kastanien in einen Topf geben und zugedeckt etwa 40 Minuten kochen lassen. Einige Kastanien beiseite legen und in kleine Stücke brechen; die übrigen zusammen mit der Fleischbrühe passieren oder im Mixer pürieren. Die Flüssigkeit in den Topf zurückleeren, erneut zum Kochen bringen.
Von dem Graubrot die Rinde abschneiden und das weiche Brot in kleine Krumen zupfen. Die Krumen in die Suppe geben und einige Minuten darin mitkochen lassen.
Die Suppe mit Salz, Pfeffer und dem Zucker abschmecken und erst kurz vor dem Anrichten die Butter darin schmelzen. Zum Schluß die beiseite gestellten Kastanienstückchen darüberstreuen.

Glasierte Kastanien

500 g Eßkastanien · 40 g Butter
1 Eßl. brauner Zucker · ⅜ l Fleischbrühe
5 Stangen Bleichsellerie · Salz

Zubereitungszeit: 45 Minuten

Den Backofen auf 250 °C vorheizen.
Die Kastanien auf der runden Seite quer einschneiden und im heißen Backofen 15 Minuten rösten. So-

Zum Bild rechts:
Eßkastanien bereichern die Speisekarte im Herbst. Man brät sie einfach auf der Herdplatte oder im Ofen oder kocht eine feine Kastaniensuppe daraus.

bald die Schalen aufspringen, die Kastanien schälen und die braunen Häutchen abziehen.

In einem Topf die Butter erhitzen, den braunen Zucker hineinrühren und schmelzen lassen. Die Kastanien darin wälzen, bis sie ganz mit der Masse überzogen sind. Mit der Fleischbrühe aufgießen und das Ganze zum Kochen bringen.

Die Selleriestangen waschen und in feine Streifen schneiden, zu den Kastanien geben und alles zusammen in 20 Minuten bei schwacher Hitze garen. Die Kastanien müssen weich sein, dürfen aber nicht zerfallen. Mit Salz abschmecken.

Man kann glasierte Kastanien als Beilage zu Wildgerichten servieren.

Kastanientorte

300 g Eßkastanien · 4 Eier · 225 g brauner Zucker

70 g Mandeln · 4 cl Rum (nach Belieben)

Butter zum Einfetten der Form

Salz · 1 Becher Schokoladenkuvertüre

1 Becher Sahne (200 g)

Zubereitungszeit: 1 Stunde 30 Minuten

Den Backofen auf 200 °C vorheizen.

Die Kastanien auf der runden Seite quer einschneiden, im Backofen etwa 10 Minuten rösten. Sobald die Schalen aufgesprungen sind, schälen und die braunen Häutchen entfernen. Den Backofen ausschalten. Die Kastanien mit Wasser bedeckt zum Kochen bringen, bei schwacher Hitze etwa 30 Minuten kochen lassen. Danach durch ein feines Sieb streichen oder im Mixer pürieren.

Die Eier trennen. Den Zucker mit den Eigelben schaumig rühren.

Die Mandeln kurz in kochendes Wasser geben, von den braunen Häutchen befreien, trocknen und mahlen.

Die gemahlenen Mandeln und die pürierten Kastanien unter die Zucker-Eiermasse ziehen, mit Rum verfeinern.

Den Backofen auf 175 °C vorheizen.

Eine Springform von 26 cm Durchmesser mit Butter einfetten.

Die Eiweiße mit 1 Prise Salz zu steifem Schnee schlagen, vorsichtig unter die Kastanienmasse heben. Die Masse in die gefettete Springform geben und 40 Minuten backen.

Den Rand der Springform vorsichtig lösen, solange die Torte noch heiß ist. Auf eine Kuchenplatte stürzen, den Boden der Springform ablösen, eventuell mit einem scharfen Messer nachhelfen.

Die Schokoladenkuvertüre im heißen Wasserbad auflösen, die erkaltete Torte damit überziehen.

Vor dem Servieren mit geschlagener Sahne verzieren.

Kastaniensoufflé

250 g Eßkastanien · 40 g Butter · 3 Eßl.

Weizenvollkornmehl Type 1050 · 1 Becher Sahne

(200 g) · 6 Eigelbe · 2 Eßl. geriebener Parmesankäse

Salz · Pfeffer · geriebene Muskatnuß · 7 Eiweiße

Zubereitungszeit: 1 Stunde 35 Minuten

Den Backofen auf 200 °C vorheizen.

Die Kastanien auf der runden Seite quer einschneiden, auf ein Backblech legen und in den heißen Ofen schieben, bis die Schalen aufspringen. Backhitze zurückschalten. Anschließend die Kastanien schälen und die braunen Häutchen entfernen.

Die Kastanien mit Wasser bedeckt bei schwacher Hitze in 20–30 Minuten garen. Wenn alle Flüssigkeit verkocht und die Kastanien hellbraun und mehlig geworden sind, durch ein Sieb drücken oder im Mixer pürieren.

Den Backofen erneut auf 200 °C bringen.

Die Butter bis auf einen kleinen Rest zum Einfetten der Form in einem großen Topf erhitzen, das Mehl einrühren und leicht Farbe nehmen lassen, mit der Sahne aufgießen und das Ganze zu einer cremigen Sauce rühren. Vom Herd nehmen und abkühlen lassen.

Die Eigelbe unter die Sauce ziehen, dann den Parmesankäse und das Kastanienpüree hineinrühren, mit Salz, Pfeffer und einer Prise Muskat abschmecken.

Eine Souffléform mit der restlichen Butter einfetten. Die Eiweiße mit etwas Salz zu sehr steifem Schnee schlagen, vorsichtig unter die Kastanienmasse heben und diese in die vorbereitete Form füllen. Auf die mittlere Schiene des Backofens schieben und in etwa 35 Minuten backen.

Während des Backvorgangs auf keinen Fall die Backofentür öffnen, damit das Soufflé nicht zusammenfällt. Sofort mit reichlich frischem Salat servieren.

Klette

Arctium lappa (majus), Bardane, Bolstern, Chläbere, Große Klette, Haarballe, Klebern, Roßklettenwurz

Sammelzeit für Blätter: Frühjahr
Sammelzeit für Stengel: Sommer
Sammelzeit für Wurzeln: Herbst

Die zu den Korbblütlern gehörende zweijährige, 1–1,5 m hohe buschige Pflanze wächst am Wegrand, auf Schuttplätzen, in trockenen Gräben. Die Äste sind wollig behaart, ebenso die herzförmigen Blätter, die bis 50 cm lang und bis 30 cm breit werden; sie sind auf der Oberseite grün, an der Unterseite grau. Die purpurfarbenen Blüten tragen Schuppen und Haken, mit denen sie sich im Fell von vorbeistreifenden Tieren festhaken können, um so ihre Verbreitung zu sichern. In der Küche kann man Blätter, Stengel und Wurzeln verwenden. Die Wurzeln der Klette haben eine gute Heilwirkung. Man bereitet daraus Klettenwurzelöl zur Behandlung von schuppiger Kopfhaut. Mit Klettenwurzeltee behandelt man unreine Haut.

Gefüllte Klettenblätter

1 Tasse brauner Reis · 2 Tassen Wasser · Salz
500 g kleine Zucchini · 2 Zwiebeln · 1 Knoblauchzehe
4 Eßl. Sonnenblumenöl · Pfeffer · edelsüßes
Paprikapulver · 1 Eßl. Zitronensaft · 50 g Walnuß-
kerne · 2 Eier · 20 große junge Klettenblätter
⅛ l Gemüsebrühe oder Blanchierwasser · ½ Glas Weiß-
wein · 3 Eßl. Sahne · 3–4 Zweige Dost oder Quendel

Zubereitungszeit: etwa 1 Stunde 30 Minuten

Den Reis in 2 Tassen Salzwasser kochen und auf kleiner Hitze 45 Minuten quellen lassen.
Die Zucchini waschen, die Stiele abschneiden, die Früchte ungeschält in kleine Würfel schneiden.
Die Zwiebeln schälen und hacken. Die Knoblauchzehe ebenfalls schälen und zerdrücken. In einer Pfanne 2 Eßlöffel Sonnenblumenöl erhitzen und die Zucchini mit den Zwiebeln und dem Knoblauch darin unter häufigem Umwenden garen. Mit Salz, Pfeffer, Paprika und dem Zitronensaft würzen. Vom Herd nehmen und abkühlen lassen.
Die Walnüsse feinhacken. Den fertig gekochten Reis mit den Zucchini und den Walnüssen mischen, abkühlen lassen und die verquirlten Eier unterrühren.
Die Klettenblätter portionsweise nach und nach in einem großen Topf in kochendem Wasser jeweils 2 Minuten blanchieren. Mit einem Schaumlöffel vorsichtig herausnehmen, abkühlen lassen und ausbreiten. Auf jedes Klettenblatt 2 Eßlöffel der Füllmasse geben. Vom Stielende her fest zusammenrollen, dabei die Seiten einschlagen, damit die Füllung nicht herausfällt. Mit einem Spießchen zusammenhalten.
In einer Pfanne das restliche Sonnenblumenöl erhitzen und die Klettenrollen darin anbraten, dann mit ⅛ l Gemüsebrühe (beziehungsweise Blanchierwasser) und dem Weißwein aufgießen und zugedeckt etwa 10 Minuten garen. Die Rollen warm stellen.
Die Kochflüssigkeit mit der Sahne verfeinern, mit Salz, Pfeffer und dem Dost oder Quendel würzen und über die Klettenrollen gießen.
Dazu paßt Kartoffelpüree.

Mein Tip
Das Blanchierwasser der Klettenblätter hat ein sehr feines Artischocken-Aroma und kann als Gemüsebrühe für Suppen, Saucen und zum Aufgießen verwendet werden.

Knoblauchhederich

Alliaria officinalis, Knoblauchkraut, Knoblauchsrauke,
Lauchkraut, Würzkraut, Zwiebelkraut

Sammelzeit: Frühjahr

*Knoblauchhederich ist vor allem in Hecken und
zwischen Sträuchern an schattigen Plätzen zu finden;
sie gehört zu den ersten Pflanzen, deren Grundblätter
im Frühjahr erscheinen. Diese Blätter sind kreisförmig
mit einer Einbuchtung am Stiel und gewelltem
Blattrand, während die Blätter, die später an den
blütentragenden Stengeln erscheinen, herzförmig und
stark gezähnt sind. Zur Blütezeit trägt die Pflanze
kleine weiße Scheindolden, deren Einzelblüten
4 Kronblätter haben. Aus den abgeblühten Blüten
entwickeln sich längliche Samenschötchen. Die Blätter
riechen beim Zerreiben nach Knoblauch, ihr
Geschmack ist etwas milder als der des Knoblauchs.
Viele Gerichte, zu denen nur ein Hauch von Knoblauch
paßt, können mit den Blättern des Knoblauchhederichs
gewürzt werden. Tee aus den getrockneten Blättern
wirkt appetitanregend.*

Lammbraten mit Knoblauchhederich-Sauce

1 kg Lammrücken oder -keule · 1 Knoblauchzehe
Salz · schwarzer Pfeffer · 1 Teel. frischer Rosmarin
3 Zwiebeln · 3 Eßl. Olivenöl · ¼ l trockener Weißwein
50 g (3 Handvoll) Knoblauchhederichblätter
20 g Butter · 1 Eßl. Weizenvollkornmehl Type 1050
1 Becher Sahne (200 g)

Zubereitungszeit: 2 Stunden

Das Fleisch unter fließendem kaltem Wasser waschen, mit Küchenkrepp oder einem Tuch trockentupfen, die Haut abziehen.
Die Knoblauchzehe schälen, mit einer Gabel zerdrük-
ken und das Fleisch damit auf allen Seiten einreiben.
Mit Salz, frisch gemahlenem Pfeffer und Rosmarin
würzen.
Die Zwiebeln schälen und halbieren.
Den Backofen auf 250 °C vorheizen.
In einer Pfanne das Olivenöl erhitzen, das Fleisch
hineinlegen und von allen Seiten braun anbraten, ⅛ l
Weißwein angießen, kurz aufkochen lassen. Den Braten in eine feuerfeste Form legen, die Zwiebelhälften
rundherum geben, die mit Wein gelöste Bratflüssig-
keit angießen. Die Form auf die mittlere Schiene des
vorgeheizten Ofens schieben, das Fleisch in etwa
90 Minuten garen (eine Keule braucht etwas länger).
Zwischendurch einige Male wenden und das Fleisch
mit dem Bratensaft begießen.
Die Knoblauchhederichblätter waschen, gut abtropfen lassen und sehr fein hacken.
Den Braten aus der Form nehmen und heiß halten.
Die Butter in einem Topf erhitzen, das Mehl einrühren und etwas Farbe nehmen lassen, unter Rühren die
Sahne zugießen. Den restlichen Wein in die Bratform
gießen, den Bratensatz lösen und zu der Sahnesauce
geben. Den Knoblauchhederich zufügen und die Sau-
ce unter Rühren einige Minuten einkochen lassen.
Mit Salz und Pfeffer abschmecken.
Den Lammbraten in Scheiben schneiden, die Sauce
extra dazu reichen.
Die passende Beilage dazu ist Bohnenpüree.

Zum Bild rechts:
Schon im frühesten Frühjahr steht das aromatische Würz-
kraut zur Verfügung, zum Beispiel für Lammbraten mit
Knoblauchhederich-Sauce.

Kornelkirsche

*Cornus mas, Dirlitze, Dürlitze, Gelber Hartriegel,
Herlitze, Judenkirsche*

Sammelzeit: August, September

*An Felshängen, auf Hügeln und in Bergwäldern gedeiht
die Kornelkirsche als kleiner Baum oder Strauch. Die
einfachen Dolden mit den goldfarbenen Blüten
erscheinen an vorjährigen Zweigen noch vor den
Blättern im frühesten Frühjahr. Die Blätter sind
gegenständig und oval bis breitlanzettförmig, auf der
Unterseite heller grün als auf der Oberseite. Die
glänzendroten Steinfrüchte sind elliptisch, haben einen
Kern und schmecken ziemlich sauer.
Man kann sie ähnlich wie Sauerkirschen zu Marmelade
oder Saft verarbeiten. Chutneys aus Kornelkirschen
passen wegen ihres herb-säuerlichen Aromas gut zu
Wildgerichten. Die Früchte haben eine adstringierende
Wirkung und werden deshalb als Heilmittel gegen
Durchfälle benutzt.*

Kornelkirschen-Chutney

Kornelkirschen eignen sich wegen ihres herben, säuerlichen Geschmacks gut zur Ergänzung von Fleisch-
und Wildgerichten. Mit diesem Chutney haben Sie
eine Delikatesse im Vorratsschrank und damit immer
zur Hand, die sich 1–2 Jahre hält.

700 g Kornelkirschen · 1 mittelgroße Zwiebel	
1 Knoblauchzehe · 1 Zitrone (unbehandelt)	
25 g frischer Wurzelingwer · 1 Teel. Senfkörner	
¼ l Apfelessig · 150 g brauner Zucker	
50 g Rosinen · ½ Teel. Salz	
geriebene Muskatnuß · 1 Prise gemahlene Nelken	

Zubereitungszeit: 2 Stunden

Die Kornelkirschen waschen und abtropfen lassen.
Mit dem Kirschenentsteiner entkernen.
Die Zwiebel schälen und feinreiben, die Knoblauchzehe schälen und durch die Knoblauchpresse drük-
ken oder im Mörser zerstoßen. Die Schale der Zitrone
abreiben, den Saft auspressen. Die Ingwerwurzel
schälen und in kleine Stücke schneiden.
Die Kornelkirschen, die geriebene Zwiebel, den zerdrückten Knoblauch, die Zitronenschale und den
-saft sowie die Ingwerwurzelstückchen, die Senfkörner und ⅛ l Apfelessig in einen Topf geben und aufkochen lassen. Bei schwacher Hitze unter gelegentlichem Rühren etwa 45 Minuten kochen, bis die Kornelkirschen breiig geworden sind. Nun den Zucker,
den restlichen Essig, die gewaschenen und abgetropften Rosinen und sämtliche Gewürze zugeben.
Bei schwacher Hitze unter ständigem Rühren noch
20 Minuten weiterkochen lassen, bis das Chutney
dick eingekocht ist.
Gläser kochendheiß ausspülen und abtropfen lassen.
Das Chutney hineinfüllen und sofort verschließen.
Am besten schmeckt diese feine Sauce, wenn sie vor
dem Verbrauch 3 Monate gelagert wurde.

Mein Tip
Die Kornelkirschen werden am besten nach dem
ersten Frost gepflückt. Dann sind sie tiefrot, haben
ihr Aroma voll entfaltet und lassen sich leichter
von den Kernen lösen.

Löwenzahn

*Taraxacum officinale, Kettenblume, Kuhblume,
Liechtli, Märzenbusch, Milchblume, Millidistel,
Pusteblume, Ringelblume, Schmalzblümlein*

Sammelzeit: Frühjahr und Herbst

*Löwenzahn gibt es auf jeder Wiese, am Wegrain, an
Schuttplätzen und Mauern. Mit seiner Kraft sprengt er
sogar die Teerdecken von Straßen und Fahrwegen. Er
verwandelt ganze Wiesen in gelbe Blütenmeere. Die
Blattrosette mit den länglichen, gezähnten oder tief
fiederteiligen Blättern, mit den gelben Blütenköpfen an
langen hohlen Stengeln kennt jedes Kind.
Verwechslungen mit giftigen Pflanzen sind auch für den
ungeübten Sammler praktisch ausgeschlossen.
Die jungen Blätter kann man als Salat essen, aus den
Blüten läßt sich Löwenzahnsekt und Löwenzahnhonig
herstellen, die Wurzeln werden als Gemüse zubereitet.
Löwenzahn wirkt appetitanregend und hat eine gute
Wirkung bei Beschwerden der Nieren und der Galle.
Arzneilich genutzt wird auch die Wurzel, die Gerbstoffe,
Bitterstoffe und ätherisches Öl enthält.*

Löwenzahnsalat mit Speck

*100 g junge Löwenzahnblätter · 100 g frische
Champignons · 1 Schalotte · Salz · schwarzer Pfeffer
2 Eßl. Weinessig · 100 g durchwachsener Speck*

Zubereitungszeit: 20 Minuten

Die Löwenzahnblätter waschen, abtropfen lassen und
in größere Stücke zupfen. Die Champignons unter
fließendem Wasser waschen, auf Küchenkrepp abtropfen lassen, feinblättrig schneiden. Die Schalotte
schälen und feinhacken. Alle Zutaten in eine Salatschüssel geben, mit Salz und Pfeffer würzen, den Essig zugießen.
Den Speck in 1 cm große Würfel schneiden und in einer Pfanne knusprig braten. Die Salatzutaten gut vermischen und die Speckwürfel zusammen mit dem
noch heißen ausgelassenen Speckfett darübergießen.
Der Salat wird lauwarm gegessen.

Kaffee aus Löwenzahnwurzeln

Kaffeekenner rümpfen die Nase, wenn von Malzkaf-
fee, Feigenkaffee, Cichorie oder dergleichen die Rede
ist. Als mir bei Freunden zum ersten Mal Löwenzahnwurzelkaffee vorgesetzt wurde, stand ich diesem Ge-
bräu als leidenschaftliche Kaffeetrinkerin höchst
skeptisch gegenüber. Inzwischen bin ich begeisterter
Anhänger des würzigen Getränks. Sein Aroma kann
sich mit dem der »echten« Bohnen durchaus messen.
Jedem, der die verdauungsfördernde Wirkung einer
Tasse Kaffee nach dem Essen schätzt, aber Bohnen-
kaffee nicht gut verträgt, möchte ich den Aufguß der
gerösteten Löwenzahnwurzel empfehlen. Er hat den
Vorteil, frei von chemischen Rückständen zu sein.
Außerdem enthält die Wurzel besonders viele leber-
wirksame Stoffe. Man gräbt die Wurzeln im Herbst
aus, wenn sie am dicksten sind.

500 g Löwenzahnwurzeln

Zubereitungszeit: 1 Stunde
Trockzeit: 3–6 Tage

Die Löwenzahnwurzeln waschen, mit einer harten
Bürste gründlich abschrubben, nicht schälen. In ½ cm
dicke Scheiben schneiden. Anschließend 3–6 Tage in
der Sonne trocknen lassen.

Den Backofen auf 100 °C vorheizen.
Die Wurzelscheiben auf ein trockenes Backblech
schütten und etwa 30 Minuten rösten. Sie sollen dabei
schön braun werden. Zwischendurch das Blech hin
und wieder schütteln, damit sie auf allen Seiten
gleichmäßig werden. In einem fest verschraubten
Glas aufbewahren.
Für 1 Tasse Löwenzahnwurzelkaffee 1 Eßlöffel grob
gemahlene Wurzeln in kochendes Wasser geben,
1 Minute kochen lassen und dann abseihen.

Mein Tip

Wenn Sie »nur« die heilsame Wirkung der Wurzel
nutzen wollen, bereiten Sie einen Aufguß aus getrockneten, aber ungerösteten Wurzeln. Er enthält
keine Röststoffe, schmeckt aber auch nicht so würzig wie richtiger Löwenzahnwurzelkaffee.

Löwenzahnsalat mit Gouda und Walnüssen

Wer Löwenzahnsalat auf herkömmliche Art probiert
hat, findet ihn meist etwas zu bitter; mit dem folgenden Rezept aber habe ich schon manchen Anhänger
dieses vorzüglichen und gesunden Wildgemüses gewinnen können.

100 g junge Löwenzahnblätter · 100 g Walnußkerne
100 g junger Goudakäse · 1 Bund Petersilie
2 Eßl. Olivenöl · 1 Eßl. Weinessig · 1 Becher
Joghurt (175 g) · schwarzer Pfeffer · Salz

Zubereitungszeit: 15 Minuten

Die Löwenzahnblätter waschen und abtropfen lassen,
in 2–3 cm breite Streifen schneiden.
Die Walnüsse grobhacken, den Gouda in kleine Würfel schneiden, die Petersilie feinhacken.

Zum Bild links:
Die Portion kann gar nicht groß genug sein bei diesem ge-
sunden Frühlingsgericht: Löwenzahnsalat mit Gouda und
Walnüssen.

Aus Olivenöl, Essig und Joghurt eine Marinade bereiten, die grobgehackten Walnüsse, Käse und Petersilie
daruntermischen, mit Pfeffer und Salz würzen. Diese
Sauce über den Löwenzahn gießen.

Variante: Dieser Salat bekommt zusätzliches »Wild«-
Aroma, wenn man statt Petersilie eine Handvoll feingehackte Brunnenkresse untermischt.

Löwenzahnsekt

Für diesen hausgemachten Sekt brauchen Sie eine be-
trächtliche Zahl von Blüten. Am besten schicken Sie
die ganze Familie mit Tüten und Körben auf eine in
sattem Gelb leuchtende Löwenzahnwiese.
Sie werden bald alle miteinander in einen Goldrausch
geraten und die erforderliche Menge schnell zusammen haben.

2 kg Löwenzahnblüten · 6 l Wasser
2 Zitronen (unbehandelt) · 2 Orangen (unbehandelt)
1,5 kg Zucker · 3 Würfel Hefe

Zubereitungszeit: 2 Stunden
Gärzeit: 5 Tage
Lagerzeit: mindestens 8 Wochen

Die gelben Blütenblätter des Löwenzahns aus den
Körbchen zupfen, in einen großen Topf geben, fest
zusammendrücken und mit dem Wasser übergießen.
Die Zitronen und Orangen waschen, hauchdünn abschälen und die Schalen zu den Blütenblättern geben.
Das Ganze zum Kochen bringen und 20 Minuten
kochen lassen. Anschließend durch ein Nesseltuch
seihen, den Saft der Zitronen und Orangen zugießen,
den Zucker unterrühren und abkühlen lassen.
In einer Schüssel die Hefewürfel zerkrümeln und mit
soviel lauwarmem Wasser anrühren, daß ein gesättig-
ter Brei entsteht. Den Hefebrei unter den abgekühlten
Saft rühren. Die Flüssigkeit in eine große Flasche
mit Gärspund füllen und an einem warmen Ort
(20–25 °C) 5 Tage gären lassen.
Anschließend nochmals durch ein Nesseltuch seihen
und in heiß ausgespülte Sektflaschen füllen.
Verkorken und wie Sektkorken verdrahten.
Die Flaschen mit dem Hals nach unten in eine mit
Sand gefüllte Kiste stecken. Sie müssen im dunklen
Keller stehen, der nicht wärmer als 15 °C sein darf.
Nach 2 Monaten ist der schäumende Löwenzahnsekt
trinkfertig.

Maronenröhrling

*Xerocomus badius, Braunchen, Braunhäuptchen,
Frauenschwamm, Graspilz, Grasmaroni,
Marienschwamm, Marone, Nadelstreumaroni,
Schafschwamm, Tannenpilz*

Sammelzeit: Juli – November

*Der Röhrenpilz gedeiht mit Vorliebe im Nadelwald, in
der Nachbarschaft von Fichtenstämmen, kommt aber
auch im Laubwald vor. Unter seinem in der Jugend
halbkugeligen und samtig-braunen, später
ausgebreiteten und kahlen Hut hat er gelbliche bis
grünliche Röhren, die ungefähr 1–2 cm lang sind. Sie
verfärben sich bei Druck mit dem Finger bläulich. Der
braune bis ockerfarbene Stiel ist zunächst bauchig, in
fortgeschrittenem Alter streckt er sich bis zu einer Höhe
von 8–9 cm.
Man kann den Maronenröhrling praktisch nur mit
anderen eßbaren Röhrlingen (Steinpilz, Ziegenlippe)
verwechseln, nicht aber mit giftigen Pilzen. Das feste,
saftige Fleisch des jungen Maronenröhrlings schmeckt
gebraten ebenso gut wie in Mischpilzgerichten, in
Gemüseeintöpfen und Saucen. Man kann junge
Maronenröhrlinge auch in Scheiben schneiden und
trocknen.*

Feine Maronen-Pilzsuppe

400 g frische Maronenröhrlinge · ¾ l Gemüsebrühe
30 g Butter · 3 Eßl. Mehl · 1 Becher Sahne (200 g)
2 Eßl. Sherry · Salz · frisch gemahlener schwarzer Pfeffer · 1 Bund Petersilie

Zubereitungszeit: 1 Stunde 30 Minuten

Die Maronen putzen, kurz unter fließendem Wasser
waschen und in Streifen schneiden. Die Stiele können
mitverwendet werden. In der Gemüsebrühe so lange
kochen (20–30 Minuten), bis die Pilze sehr weich sind
und eine dunkle, aromatische Pilzbrühe entstanden
ist. Die Brühe durch ein Sieb gießen, die weichge-
kochten Pilze fein hacken oder im Mixer pürieren.
Die Butter zerlassen, das Mehl einrühren und eine
helle Mehlschwitze bereiten. Nach und nach die Pilzbrühe zugießen und zum Kochen bringen. Bei milder
Hitze unter häufigem Umrühren 10 Minuten kochen
lassen. Dann vom Herd nehmen, die Sahne und den
Sherry zugeben.
Die Petersilie waschen, feinhacken und in die Brühe
streuen. Mit Salz und frisch gemahlenem schwarzem
Pfeffer würzen.
Zuletzt die feingehackten oder pürierten Pilze hineinrühren und die fertige Suppe vor dem Servieren noch
einmal erhitzen, aber nicht mehr kochen lassen.

Mein Tip

Maronenröhrlinge können auch mit anderen
weichkochenden Pilzen, wie Butter- oder Birken-
pilzen gemischt werden.

Maronenpastete

750 g Maronenröhrlinge · 1 Bund Petersilie
1 Zwiebel · 1 Eßl. Butter · 100 g durchwachsener Speck · 75 g Doppelrahmfrischkäse · 2 Eier
2 Scheiben altbackenes geriebenes Vollkornbrot
¼ Teel. getrocknetes Basilikum
¼ Teel. getrockneter Thymian
¼ Teel. getrockneter Majoran · 1 Prise Cayennepfeffer
½ Teel. Salz · frisch gemahlener Pfeffer
2 Eßl. Sherry · Butter zum Einfetten der Schüssel

Zubereitungszeit: 2 Stunden

Die Maronenröhrlinge putzen, kurz unter fließendem Wasser waschen, gut abtropfen lassen, mit der Petersilie sehr fein hacken oder im Mixer pürieren. Die Zwiebel feinhacken und in Butter glasig braten.
Den Backofen auf 200 °C vorheizen.
Den Speck in kleine Würfel schneiden. In einer großen Schüssel alle Zutaten mitsamt den Gewürzen gut verrühren.
Eine kleine feuerfeste Schüssel so mit Aluminiumfolie auskleiden, daß ein breiter überstehender Rand zum Verschließen übrigbleibt. Mit Butter einfetten. Die Pilzmasse hineinfüllen und die Folie darüberklappen.
Auf der mittleren Schiene des Backofens 1 Stunde 30 Minuten backen.
Die Folie zurückklappen, die Pastete etwas abkühlen lassen, dann auf ein Holzbrett stürzen und die Aluminiumfolie vorsichtig abziehen. Vor dem Servieren einige Stunden kalt stellen.
Als Vorspeise oder als Brotaufstrich zusammen mit kernigem Bauernbrot reichen.

Variante für Vegetarier: Statt Speck und Doppelrahmfrischkäse kann man auch 125 g Tartex (vegetabile Paste) unter die Pilzmasse rühren.

Maronen in Sahnesauce

400 g kleine junge Maronenröhrlinge
mit geschlossenen Hüten · 2 Schalotten
2 Eßl. Olivenöl · Salz
½ Teel. getrockneter Thymian · 1 Eßl. Sojamehl
2 Eßl. kalte Fleischbrühe · 100 g Crème fraîche
½ Glas trockener Weißwein

Zubereitungszeit: 30 Minuten

Die Maronen putzen, kurz unter fließendem kaltem Wasser waschen und abtropfen lassen. Die Schalotten schälen und feinhacken. Das Öl in einem Topf erhitzen und die Schalotten unter Umwenden darin glasig braten. Die Pilze zugeben und bei schwacher Hitze unter öfterem Umrühren 10 Minuten garen. Mit Salz und Thymian würzen. Das Sojamehl mit der Fleischbrühe anrühren, mit der Crème fraîche vermischen und über die Pilze gießen, diese zugedeckt bei sehr schwacher Hitze weitere 5 Minuten garen. Den Weißwein zugießen und die Pilze nochmals 5 Minuten ziehen lassen.

Schollen mit Maronenröhrlingen

4 küchenfertige Schollen von je 200–250 g
Saft von 1 Zitrone · Salz · weißer Pfeffer
400 g frische Maronenröhrlinge · 1 Bund Petersilie
1 Zwiebel · 50 g Butter · 1 Eßl. Arrow-root-Mehl
(Pfeilwurzelmehl aus dem Reformhaus) · 2 Eßl. Sahne
2 Eßl. milder Senf · Mehl zum Wenden

Zubereitungszeit: 1 Stunde

Die Schollen kalt abspülen und sehr gut abtrocknen. Mit dem Zitronensaft, Salz und Pfeffer würzen, durchziehen lassen.
Die Pilze putzen, kurz mit kaltem Wasser abspülen und in dünne Scheiben schneiden. Die Stiele können mitverwendet werden.
Die Petersilie waschen und feinschneiden.
Die Zwiebel schälen, feinhacken und in 1 Eßlöffel heißer Butter glasig braten. Die Pilze zugeben und 5 Minuten im eigenen Saft dünsten. Das Arrow-root-Mehl mit der Sahne und 1 Prise Salz verrühren und über die Pilze gießen. Bei ganz milder Hitze nochmals 5 Minuten ziehen lassen, dann vom Herd nehmen und warm stellen.
Die Fische auf beiden Seiten mit Senf bestreichen, anschließend in Mehl wenden und dieses mit beiden Händen gut andrücken. Die Schollen nacheinander in der restlichen erhitzten Butter auf jeder Seite 3–4 Minuten braten, dann herausnehmen und warm stellen.
Den Fisch auf einer vorgewärmten Platte anrichten, mit den Pilzen übergießen und mit Petersilie bestreuen.
Dazu passen gedämpfter Reis oder Butterkartoffeln und Spinat.

Mein Tip
Statt der Maronenpilze können auch andere feine Röhrenpilze für dieses Gericht verwendet werden, zum Beispiel Butterpilze, Rotkappen, Rotfußröhrlinge oder Steinpilze.

Moosbeere

Vaccinium oxycoccus, Sauerbeere, Torfbeere

Sammelzeit: September – November

In moosigen und sumpfigen Gebieten, vor allem in Hochmooren, ist der Zwergstrauch heimisch, dessen länglich-eiförmige, immergrüne und glänzende Blätter an dünnen, kriechenden Stengeln sitzen. Er bringt rosafarbene Blüten mit je 4 umgeklappten Kronblättern an langen Stielen hervor, aus denen Staubblätter und Griffel herausschauen. Die Früchte, rote, kugelförmige Beeren von 5–8 mm Durchmesser, sitzen ebenfalls an langen Stielen; sie werden mit der Zeit braunfleckig bis braun. Diese säuerlichen Beeren sollten ein paar Frostnächte hinter sich bringen, bevor man sie erntet; ihr Aroma ist dann intensiver.
Sie sind für Kompott, das besonders zu Wild und dunklem Fleisch paßt, aber auch für Marmelade und Saft zu verwenden. In Nordosteuropa, besonders in Polen und Rußland, bereitet man aus ihnen ein beliebtes Getränk, den Kwas.

Linzer Torte mit Moosbeeren

Für den Boden:

125 g weiche Butter · 150 g Zuckerrübensirup · 1 Ei
1 gestrichener Teel. Kakao · 1 gestrichener Teel. Zimt
1 Messerspitze gemahlene Nelken · 2 Eßl. Kirsch-
wasser · 125 g Haselnußkerne · 250 g Weizenvollkorn-
mehl Type 1050 · Butter für die Form

Für die Füllung:

350 g Moosbeeren · 5 Eßl. Honig · 1 Teel. Zimt
2 Eßl. Milch zum Bestreichen

Zubereitungszeit: 1 Stunde 40 Minuten
Ruhezeit: 4 Stunden

Die Butter mit dem Zuckerrübensirup schaumig rühren. Das Ei, den Kakao, die Gewürze und das Kirschwasser dazugeben.
Die Haselnüsse mahlen, mit dem Mehl mischen und zu den übrigen Zutaten geben, alles zu einem glatten Teig verkneten. Diesen zu einer Kugel formen und zugedeckt 3–4 Stunden kalt stellen.
Eine Springform von 26 cm Durchmesser gleichmäßig mit Butter ausfetten. ⅔ des Teiges ausrollen. Die Form damit auslegen und einen 2 cm hohen Rand stehen lassen. Mit der Gabel in kleinen Abständen einstechen. Die Moosbeeren im Mixer pürieren oder mit der Gabel zerdrücken. Den Honig und den Zimt darunterrühren. Den Teigboden damit bestreichen.
Den restlichen Teig ausrollen und etwa 1 cm breite Streifen schneiden, als Gitter oder in Sternform darauflegen und mit der Milch bestreichen.
Die Torte auf der zweiten Schiene von unten in den kalten Backofen schieben und bei 180 °C 60–70 Minuten backen. Vor dem Anschneiden 2 Tage durchziehen lassen.

Mein Tip

Moosbeeren, die man sofort verwendet, sammelt man nach dem ersten Frost, wenn sie dunkelrot und glasig sind. Für den Wintervorrat sammelt man sie, wenn sie noch gelb sind, aber schon rote Bäckchen haben, und bewahrt sie mit Wasser bedeckt in einem Steinguttopf, der mit Alufolie verschlossen wird, im kalten Keller auf.

Zum Bild rechts:
Ein ganz neues Kuchenerlebnis verspricht diese Linzer Torte mit Moosbeeren.

Parasol

*Macrolepiota procera, Großer Schirmling,
Riesenschirmpilz*

Sammelzeit: Sommer und Herbst

*Er ist der größte, den unsere Pilzwälder zu bieten
haben; vorwiegend im Nadelwald, aber auch auf
Waldlichtungen und am Waldrand kann der
Pilzsammler dem regenschirmförmigen Pilz begegnen.
Sein heller Hut mit den braunen Schuppen ist zuerst
fast eiförmig, später flacht er zu einem Teller mit
kleinem Buckel in der Mitte ab und erreicht einen
Durchmesser von 10–25 cm. Die Huthaut ist am Rand
stärker gerissen und geschuppt als zur Mitte hin. Die
Lamellen sind weiß, gelegentlich auch gelblich, der Stiel
ist lang und hohl, an der Basis dicker, braun genattert
und von einer Manschette geziert, die man verschieben
kann. Verwechseln kann man den Parasol mit dem
ebenfalls eßbaren, etwas gedrungener wirkenden
Rötenden Riesenschirmpilz und mit dem
ungenießbaren Spitzschuppigen Schirmling, der den
Sammler aber wegen seines scheußlichen Geruchs
kaum in Versuchung führt. Parasolhüte schmecken am
besten paniert.*

Gebackene Parasolhüte
mit Sauce Tatare

Parasolhüte sind gebacken eine Delikatesse – gedünstet oder gekocht werden sie zäh. Wenn Sie das Glück
haben, beim Pilzesuchen einige Parasole zu finden,
können Sie daraus »Parasolschnitzel« als Vorspeise
zu einem anderen Pilzgericht zubereiten. So werden
auch zweimal Pilze bei einer Mahlzeit nicht langwei-
lig. Sie können sie aber auch genauso gut zu jedem
anderen Gericht als Vorspeise servieren. Rechnen Sie
pro Person 1 Parasol, noch geschlossen oder frisch
aufgeschirmt, jedoch nicht zu alt.

Für die Sauce Tatare:
2 hartgekochte Eigelbe · 6 Eßl. Olivenöl
Saft von ½ Zitrone · 1 Prise Salz
1 Prise weißer Pfeffer · 1 kleine Essiggurke
1 Bund Schnittlauch · 1 Eßl. Kapern
4 Parasole · Salz · Pfeffer
3 Eßl. Weizenvollkornmehl Type 1050 · 2 Eier
6 Eßl. Semmelbrösel/Paniermehl
200 g Kokosfett zum Ausbacken

Zubereitungszeit: 50 Minuten

Für die Sauce die hartgekochten Eigelbe durch ein
Sieb streichen. Das Olivenöl löffelweise darunterrühren, bis eine glatte Masse entsteht. Den Zitronensaft
hineinrühren, mit Salz und weißem Pfeffer abschmekken.
Die Essiggurke feinwürfeln. Den Schnittlauch waschen und feinschneiden. Zusammen mit den Kapern
und der Essiggurke in die Sauce rühren. In den Kühlschrank stellen.
Die Parasole vorsichtig säubern, nicht waschen. Mit
einem Tuch die Schuppen vom Hut wischen. Junge,
noch nicht aufgeschirmte Parasolhüte halbieren. Die
zähen Stiele herausdrehen; sie können getrocknet
werden.
Die Pilzhüte salzen und pfeffern. In dem Mehl wenden, in die verquirlten Eier tauchen, anschließend in
Semmelbröseln/Paniermehl wenden.
In einer Pfanne das Fett erhitzen und die panierten
Pilze darin goldgelb herausbacken. Heiß mit der
Sauce Tatare servieren.

Pastinak

*Pastinaca sativa, Dickmöhre, Duftmöhre,
Hammelmöhre, Hirschfraß, Pastornak, Scharfmöhre,
Spindelwurz, Wiesenweißwurz*

*Sammelzeit für Blätter und Stengel: Frühjahr
Sammelzeit für Wurzeln: Spätherbst*

*Die zweijährige Pflanze ist auf vielen Wiesen, aber auch
am Wegrand und in Straßengräben zu finden. Sie wird
bis 1,5 m hoch und hat einen gerillten Stiel mit
hellgrünen, unpaarig gefiederten Blättern. Die Blüten
erscheinen in leuchtendgelben Dolden mit vielen (bis 15)
Strahlen. Die Früchte sind eiförmig.
Geerntet und in der Küche verwertet werden fast alle
Pflanzenteile. Die gehackten Blätter eignen sich als
Zutat zu Salaten; Wurzeln und Stengel geben jeder
Suppe ein kräftiges Aroma, die Wurzeln schmecken
aber auch, kombiniert mit Karotten, als Gemüse.
Auch der Gesundheit sind Pastinakwurzeln förderlich,
sie regen den Appetit und die Verdauung an. Tee aus
gestoßenen Pastinakfrüchten soll gegen Schlaflosigkeit,
aber auch bei Magenbeschwerden und Leibschmerzen
wirksam sein.*

Käsekuchen mit Pastinak

Für den Teig:	
80 g weiche Butter · 100 g Honig · 2 Eigelbe	
½ Teel. Zimt · 80 g gemahlene Mandeln	
160 g Weizenvollkornmehl Type 1050	
Butter für die Form	
Für den Belag:	
15 g junge Pastinakblätter (1 Handvoll) · 3 Eier	
250 g Doppelrahmfrischkäse · 50 g Sultaninen	
Saft und abgeriebene Schale von 1 Zitrone	
(unbehandelt)	

Zubereitungszeit: 1 Stunde 40 Minuten
Ruhezeit für den Teig: 3–4 Stunden

Die Butter mit dem Honig schaumig rühren, die Eigelbe und den Zimt dazugeben. Die Mandeln und danach das Mehl unterarbeiten. Den Teig in Aluminiumfolie gewickelt 3–4 Stunden oder über Nacht im
Kühlschrank ruhen lassen
Eine Springform von 26 cm Durchmesser leicht mit
Butter einfetten. Den gekühlten Mürbteig auf einem
bemehlten Backbrett ausrollen und die Form damit
auslegen. Dabei einen 3 cm hohen Rand stehen lassen. Den Boden mit einer Gabel in kleinen Abständen
einstechen. Ein Stück Aluminiumfolie von 80 cm
Länge mehrmals der Länge nach zusammenfalten, so
daß ein 3 cm breiter, fester Streifen entsteht. Von innen an den Teigrand kleben, damit dieser beim Bakken nicht umkippt.
Die Backform auf die zweite Schiene von unten in
den kalten Backofen schieben und bei 180 °C 20 Minuten vorbacken.
Inzwischen die Pastinakblätter waschen, abtropfen
lassen und feinhacken. Mit den übrigen Zutaten für
den Belag verrühren. Auf dem vorgebackenen Mürb-
teigboden verteilen und auf der mittleren Schiene des
Backofens in weiteren 40–50 Minuten backen, bis die
Oberfläche goldbraun ist. Den Kuchen auf einem Kuchengitter abkühlen lassen und lauwarm aus der
Form nehmen. Kalt servieren.

Pfefferminze

Mentha piperita, Aderminze, Edelminze, Gartenminze, Teeminze

Sammelzeit: Frühjahr

Eigentlich ist sie ein Bastard, die aus Grüner Minze und Wasserminze entstandene Pfefferminze. Sie gedeiht nur in Kulturen, mit Vorliebe auf leicht feuchten Gartenböden. Wild anzutreffen, vor allem in Feuchtgebieten, an Bach- und Flußufern, ist die Wasserminze.
An den rötlichen Stengeln der Pfefferminze, eines ausdauernden Lippenblütlers, sitzen die eiförmig-spitzen Blätter; die Blüten sind weißlich oder rötlich. Die Pflanze vermehrt sich durch Ausläufer. Alle Teile der Pfefferminze, wie auch der Wasserminze, strömen einen starken Mentholgeruch aus.
Die Blätter werden im Frühjahr vor Beginn der Blüte geerntet und zur Teezubereitung bei mäßiger Wärme getrocknet. Aus den frischen Blättern bereitet man Gelees oder Sorbets oder verwendet sie als Würze für Salate oder Fruchtsalate.
Natürlich macht man sich auch die Heilwirkung der Pfefferminze zunutze; sie wirkt krampflösend bei Magen- und Darmbeschwerden.

Minz-Chutney

Dieses Minz-Chutney paßt ausgezeichnet zu gebratenem Fleisch, besonders zu Lammbraten.

1 Strauß frische Minze (60 g) · ¼ l Weißweinessig
1 Teel. Salz · ½ Teel. grünes Chilipulver
250 g kandierte Ingwerpflaumen · 1 mittelgroße
Zwiebel · 1 Knoblauchzehe

Zubereitungszeit: 30 Minuten

Die Minze waschen und abtropfen lassen. Die Blätter von den Stengeln streifen und sehr fein wiegen oder im Mixer pürieren. Mit dem Weißweinessig, dem Salz und dem Chilipulver zu einer grünen Sauce verrühren. Die Ingwerpflaumen in sehr kleine Stückchen schneiden, die Zwiebel und die Knoblauchzehe schälen und feinhacken; alles mit der Minz-Sauce verrühren (am besten im Mixer).
In kleine Gläser füllen und vor dem ersten Gebrauch 14 Tage an einem kühlen Ort durchziehen lassen.

Erbsenkaltschale mit Minze

100 g getrocknete Erbsen · 1 l Hühnerbrühe
1 Zwiebel · ¼ Sellerieknolle
1 Prise gemahlene Nelken · 1 Lorbeerblatt
40 g frische Minzeblätter (2 Handvoll)
½ Becher Sahne (100 g) · ½ Teel. Salz
2 Messerspitzen weißer Pfeffer

Zubereitungszeit: 2 Stunden
Kühlzeit: 1–2 Stunden

Die getrockneten Erbsen unter fließendem kaltem Wasser solange waschen, bis das Wasser klar abläuft. In einem großen Topf mit der Hühnerbrühe zum Kochen bringen.
Die Zwiebel schälen und grobhacken.
Die Sellerieknolle schälen und in kleine Würfel schneiden.

Zum Bild rechts:
Was man aus Pfefferminze außer heilsamem Tee noch alles machen kann: Zum Beispiel Erbsenkaltschale mit Minze oder Minz-Chutney.

Die Zwiebel, den Sellerie, das Gewürznelkenpulver und das Lorbeerblatt in die Suppe geben und alles zusammen 1 Stunde bei mittlerer Hitze kochen lassen.
Die Minzeblätter von den Stengeln zupfen, waschen und abtropfen lassen. Einige Spitzen zum Garnieren beiseite legen. Die übrigen Minzeblätter feinhacken und in die kochende Suppe geben, 30 Minuten mitkochen lassen. Danach die Suppe durch ein Sieb streichen oder im Mixer pürieren. Die Sahne hineinrühren, mit Salz und Pfeffer würzen.
1–2 Stunden im Kühlschrank kalt stellen.
Eiskalt mit den beiseite gelegten Minzespitzen garniert servieren.

Orientalischer Pfefferminzdrink

2 Stengel frische Minze · 1 Becher Joghurt (175 g)
knapp ½ l kaltes kohlensäurehaltiges Mineralwasser
1 Prise Salz · 1 Prise Pfeffer
Minzeblättchen zum Garnieren

Zubereitungszeit: 5 Minuten

Die Minze waschen, die Blätter von den Stengeln streifen und feinhacken. Unter den Joghurt mischen, mit Salz und Pfeffer würzen. In ein Halbliterglas gießen und mit Mineralwasser auffüllen.
Kräftig durchrühren und mit einigen Minzeblättchen garniert servieren.

Wenn gerade keine frische Minze im Haus ist, tut's auch feinzerriebene getrocknete Pfefferminze. Die oben angegebene Menge reicht für 1 Person.

Minzegelee

2 kg säuerliche, nicht zu reife Kochäpfel
1 großer Strauß frische Minze (etwa 80 g)
Saft von 3 Zitronen · etwa 1 kg brauner Zucker

Zubereitungszeit: etwa 2 Stunden
Ablaufzeit für den Saft: 12 Stunden

Die Äpfel waschen, vierteln, von Stiel und Blütenansatz befreien und mit Schale und Kernhaus in kleine Stücke schneiden. Die Minze waschen und abtropfen lassen (einige Blätter beiseite legen), mit dem Zitronensaft in einen Topf geben und mit Wasser bedek-

ken. Zum Kochen bringen und zugedeckt bei schwacher Hitze in etwa 60 Minuten musartig weichkochen. Über Nacht durch ein sauberes Nesseltuch, das an den 4 Ecken auf einem umgedrehten Stuhl festgebunden wird, ablaufen lassen ohne zu pressen. Die Apfelmasse gelegentlich umwenden.
Am nächsten Tag die Gläser möglichst steril vorbereiten. Den durchgetropften Saft wiegen und die gleiche Menge Zucker bei schwacher Hitze darin auflösen. Den Saft im offenen Topf einkochen, den sich bildenden Schaum öfters abschöpfen. Nach 20 Minuten die erste Gelierprobe entnehmen. Dazu streicht man 1 Teelöffel voll Saft auf eine flache Schale und läßt ihn schnell (am offenen Fenster) erkalten. Im Abstand von 5 Minuten wiederholen. Sobald sich auf der Schale ein fester Film bildet, den Topf vom Feuer nehmen und den Saft etwa 10 Minuten lang im Topf gelieren lassen.
Die beiseite gelegte Minze feinhacken und unter das erstarrende Gelee rühren. Sie soll darin feinverteilt sein und nicht nach oben steigen. Dann das Gelee in die vorbereiteten Gläser füllen und fest verschließen.

Spanische Apfelpastete mit Minze

1 kg saure Kochäpfel (Boskop)
1 Eßl. getrocknete feingerebelte Pfefferminzblätter
1 Eßl. gemahlener Zimt · 225 g brauner Zucker
150 g Weizenvollkornmehl Typ 1050 · 1 Ei
Butter für die Form · ¼ l Sahne

Zubereitungszeit: 1 Stunde 30 Minuten

Die Äpfel schälen, vierteln, vom Kernhaus befreien und der Länge nach in ½ cm dicke Scheiben schneiden. In einer großen Schüssel die getrockneten Pfefferminzblätter mit dem Zimt vermischen, die Apfelscheiben hineingeben und darin wenden, bis sie gleichmäßig überzogen sind. Den Zucker mit dem Mehl in eine andere Schüssel schütten, in der Mitte eine Vertiefung machen und das Ei hineingeben. Mit zwei Tafelmessern hineinarbeiten. Den Backofen auf 175 °C vorheizen.
Eine feuerfeste Form mit Butter ausstreichen. Die Apfelscheiben darin gleichmäßig anordnen und die Mehl-Zucker-Mischung darüberstreuen, so daß die Äpfel völlig bedeckt sind. Auf der mittleren Schiene des Backofens 45 Minuten lang backen, bis die Kruste knusprig ist. Die geschlagene Sahne dazu reichen.

Pfifferling

*Cantharellus cibarius, Eierpilz, Eierschwammerl,
Geelchen, Gelbschwammerl, Nagerl, Reherl,
Rehfüßchen, Schweinsfüßchen*

Sammelzeit: Juni – Oktober

*Im Laub- und Nadelwald, aber auch auf
Waldlichtungen und sogar im Gras sind diese
leuchtenden Pilze aufzuspüren. Sie stehen meist in
größeren Gruppen beieinander. Der festfleischige Hut
ist zunächst leicht gewölbt, wird dann immer flacher
und entwickelt sich bis zur Trichterform; er ist blaßgelb
bis dottergelb. Die Leisten, von gleicher Farbe wie der
Hut, laufen bis zum ebenfalls gelben Stiel hinab, der
meist nach unten dünner wird.
Ein Erkennungszeichen ist nicht zuletzt der frische
Aprikosengeruch. Mit giftigen Pilzen ist er kaum zu
verwechseln; allenfalls könnte man den Falschen
Pfifferling in der Meinung nach Hause tragen, man
habe einen echten gefunden. Nur der orangefarbene
Leuchtende Ölbaumpilz mit dünnen Lamellen könnte
als giftiger Doppelgänger in Frage kommen, aber er ist
zum Glück selten. Pfifferlinge sind vorzüglich in
Mischpilzgerichten, aber schwer verdaulich.*

Pfifferlinge auf Rehmedaillons

1 Möhre · 1 kleine Stange Porree/Lauch
2 Stangen Staudensellerie · 250–500 g Pfifferlinge
60 g Butter · 1 gestrichener Eßl. Sojamehl
¼ l Fleischbrühe · 1 Glas Weißwein
2 Teel. weiße Pfefferkörner · Salz
4 Rehmedaillons à 120 g
frisch gemahlener schwarzer Pfeffer
1 Becher Crème fraîche (175 g) · 1 Bund Petersilie

Zubereitungszeit: etwa 1 Stunde

Die Möhre, den Porree/Lauch und den Sellerie put-
zen, waschen und kleinschneiden.
Die Pfifferlinge putzen, kurz in kaltem Wasser waschen und abtropfen lassen. Größere Exemplare der
Länge nach halbieren.
In einem Topf 20 g Butter zerlassen und die feingeschnittenen Gemüse darin von allen Seiten anbraten.
Die Pilze zufügen und 5 Minuten mitbraten lassen.
Mit dem Sojamehl bestäuben und gut verrühren, so
daß die Pilze damit überzogen sind. Nach und nach
die Fleischbrühe und den Weißwein zugießen, mit
Pfefferkörnern und Salz würzen und die Pfifferlinge
zugedeckt in 15–20 Minuten garen, aber nicht zu
weich kochen.
Die Rehmedaillons unter kaltem Wasser abspülen.
Trockentupfen und mit Salz und Pfeffer einreiben. In
einer schweren Eisenpfanne die restliche Butter erhitzen und die Medaillons darin auf jeder Seite ½ Minute anbraten. Dann auf beiden Seiten in je 3–4 Minuten fertig braten.
Die Crème fraîche unter die Pfifferlinge rühren und
vom Herd nehmen.
Die Rehmedaillons auf einer vorgewärmten Platte anrichten, die Pfifferlinge darübergeben und mit feinge-
hackter Petersilie bestreuen.
Dazu passen hausgemachte Spätzle und glasierte Kastanien.

Mein Tip
Achten Sie bei Pfifferlingen vom Markt darauf,
daß keine alten, ausgetrockneten Exemplare dabei
sind. Ihr Aroma läßt nämlich stark nach, und sie
bleiben auch nach längerem Kochen zäh.

Ostpreußische Speckpfifferlinge

Auf eine Sauce wird bei dieser Zubereitungsart ganz verzichtet. Durch den Speck bekommt das Pilzgericht eine besonders deftige Note.

500 g Pfifferlinge · 150 g durchwachsener
Räucherspeck · 2 Zwiebeln · Salz · Pfeffer
1 Bund Petersilie

Zubereitungszeit: 50 Minuten

Die Pfifferlinge putzen, waschen, gut abtropfen lassen, größere Exemplare halbieren.
Den Speck in Würfel schneiden, die Zwiebeln schälen und kleinhacken.
In einem Topf den Speck anbraten, die Zwiebeln dazugeben und im ausgelassenen Speckfett glasig braten. Die Pfifferlinge dazugeben und alles zusammen im eigenen Saft solange dünsten, bis die Pilze gar sind und die Flüssigkeit fast verkocht ist. Mit Salz und Pfeffer würzen.
Die Petersilie waschen, feinhacken und vor dem Servieren über die Pfifferlinge streuen.
Dazu gibt es Salzkartoffeln.

Pfifferlinge bayerische Art

Den Bayern kommt es bei den »Schwammerln« vor allem auf die gute Sauce an. Die Pilze werden in viel Flüssigkeit verhältnismäßig lange gekocht, damit es viel Sauce gibt, die mit Semmelknödeln aufgetunkt wird. Auch ein Löffel darf beim Besteck nicht fehlen.

750 g Pfifferlinge · 1 Bund Petersilie
1 große Zwiebel · 30 g Butter
1 Becher Sahne (200 g) · ¾ l Fleischbrühe
1 gehäufter Eßl. Weizenvollkornmehl Type 1050
Salz · 1 Prise Pfeffer · 1 Eßl. Schnittlauchröllchen

Zubereitungszeit: 1 Stunde 20 Minuten

Die Pfifferlinge putzen, kurz unter fließendem Wasser waschen, gut abtropfen lassen, größere Exemplare der Länge nach halbieren. Die Petersilie waschen und feinhacken, die Zwiebel schälen und feinhacken.
In einem mittelgroßen Topf die Butter erhitzen, die Zwiebel und die Petersilie darin glasig braten. Die Pilze dazugeben, mit der Sahne aufgießen und salzen. Etwa 15 Minuten bei milder Hitze dünsten.
Dann nach und nach die Fleischbrühe angießen und weiterkochen lassen, bis die Pilze weich sind. Das dauert noch einmal 15–20 Minuten. Zum Schluß mit Mehl binden und mit Salz und Pfeffer würzen. Schnittlauch darüberstreuen. Dazu gibt's bayerische Semmelknödel nach folgendem Rezept:

10 altbackene Semmeln (Brötchen)
knapp ½ l Milch · ½ Teel. Salz
1 kleine Zwiebel · etwas Petersilie
50 g Butter · 3 Eier · 2 Teel. Mehl

Zubereitungszeit: 40 Minuten

Die Semmeln (Brötchen) in feine Scheiben schneiden (oder beim Bäcker Knödelbrot aus 10 Semmeln kaufen).
Die Milch kurz aufkochen lassen und darübergießen. Salzen und 15 Minuten einweichen lassen.
Die Zwiebel schälen und reiben; die Petersilie waschen und feinhacken. Die Butter erhitzen, Zwiebel und Petersilie darin anbraten. Mit der Semmelmasse und den verquirlten Eiern zu einem nicht zu festen Teig verrühren.
3 l gesalzenes Wasser zum Kochen bringen. Eine Schüssel mit kaltem Wasser bereitstellen. Die Hände ins kalte Wasser tauchen und Knödel formen. Immer wieder die Hände eintauchen, damit der Teig nicht an den Fingern klebt. Die Knödel mit einem Schaumlöffel in das kochende Wasser einlegen und bei milder Hitze in 10–12 Minuten garziehen lassen. Das Wasser soll eben sieden, nicht sprudelnd kochen.

Mein Tip
Übriggebliebene Knödel in Scheiben schneiden, mit verquirltem Ei übergießen und in Butter goldbraun braten.

Zum Bild rechts:
So liebt man die »Reherl« in Bayern. Pfifferlinge bayerische Art mit würziger Rahmsauce.

Preiselbeere

*Vaccinium vitis-idaea, Bickelbeere, Breinsschnetzen,
Duttenbeere, Fuchsbeere, Gichtbeinchen, Graslizbeere,
Kadelbeere, Klosterbeere, Kronsbeere, Steinbeere*

Sammelzeit: August – Oktober

*Der Zwergstrauch mit den dekorativen Früchten ist vor
allem auf sauren Böden in Nadelwäldern, auf Heiden
und Mooren anzutreffen. Die Blätter des immergrünen
Strauchs sind dunkelgrün und glänzend, auf der
Unterseite etwas heller; ihr Rand ist leicht eingerollt.
Die glockenförmigen weißlichen bis rosa Blüten hängen
in Trauben. Aus ihnen entwickeln sich die runden roten
Beeren, die – zu Kompott verarbeitet – so ausgezeichnet
zu Wild und anderen Fleischsorten schmecken.
Außerdem werden sie zu Marmelade oder Saft,
gelegentlich auch zu Wein verarbeitet. Doch haben die
aromatischen Beeren nicht nur kulinarischen, sondern
auch medizinischen Wert. Die Früchte haben einen
hohen Vitamin-C-Gehalt; sie dienen als Heilmittel
gegen Durchfall und regen außerdem den Appetit an.*

Preiselbeerauflauf

3 große Äpfel · 500 g Preiselbeeren · 50 g Mandeln		
abgeriebene Schale von 2 Orangen (unbehandelt)		
200 g Honig · 50 g Butter · 100 g Weizenkeime		
1 Teel. Zimt · ½ Teel. Salz · 1 Becher Joghurt		

Zubereitungszeit: 1 Stunde 10 Minuten

Die Äpfel schälen, entkernen und würfeln.
Die Preiselbeeren verlesen, waschen und abtropfen
lassen. Den Backofen auf 250 °C vorheizen.
Die Äpfel, die Preiselbeeren, die Mandeln und die ab-
geriebene Orangenschale mit dem Honig vermischen.
Eine feuerfeste Form einfetten und die Mischung hin-
einfüllen.
Die Weizenkeime mit dem Zimt und Salz vermischen
und über der Fruchtmischung verteilen. Die Butter in
Flöckchen daraufsetzen. Im vorgeheizten Backofen
35–40 Minuten backen; die Oberfläche soll schön
braun sein.
Warm servieren und auf jede Portion einen Eßlöffel
Joghurt geben.

Preiselbeerschnee

300 g Preiselbeeren · 2 Eßl. Zuckerrübensirup		
1 Zimtstange · ⅛ l Rotwein · 4 Eiweiße		
2 Teel. Zitronensaft · 4 Eßl. brauner Zucker		
¼ Teel. gemahlener Zimt		

Zubereitungszeit: 30 Minuten

Die Preiselbeeren verlesen, waschen und abtropfen
lassen. Mit dem Zuckerrübensirup und der Zimtstange in dem Rotwein langsam erhitzen und bei milder
Hitze 10 Minuten kochen, vom Herd nehmen und abkühlen lassen. Die Zimtstange entfernen.
Den Backofen auf 175 °C vorheizen.
Die Eiweiße mit dem Zitronensaft steifschlagen. Den
Zucker nach und nach dazugeben und dabei ständig
weiterschlagen, bis der Schnee fest und glänzend ist.
Die gedünsteten Preiselbeeren und das Zimtpulver
daruntermischen.
Den Schnee in feuerfeste Portionsschalen füllen und
auf der mittleren Schiene des Backofens in 3–4 Minuten überbacken, bis die Spitzen des Schnees anfangen
braun zu werden. Sofort servieren.

Gebackener Camembert mit Preiselbeerkompott

4 Camemberthälften von je 62,5 g
frisch gemahlener schwarzer Pfeffer
etwas Weizenvollkornmehl zum Wenden · 2 Eigelbe
3 Eßl. Sahne · 50 g Semmelbrösel/Paniermehl
Fett zum Fritieren · 2 Bund Kräuselpetersilie
etwa 200 g Preiselbeerkompott oder Preiselbeer-
Cumberlandsauce (Rezept auf dieser Seite)

Zubereitungszeit: 20 Minuten

Die Camemberthälften mit Pfeffer würzen, diesen leicht eindrücken und die Hälften dann in dem Mehl wenden. Die Eigelbe mit der Sahne verquirlen, die Käse kurz darin eintauchen und zum Schluß in den Semmelbröseln wälzen. Schnell noch einmal in Ei tauchen und erneut in den Semmelbröseln wenden; sie werden durch diese Doppelpanade besonders knusprig. Die Panade gut andrücken. Das Fritierfett erhitzen und die Camemberts in 6–8 Minuten darin goldbraun ausbacken.
Inzwischen die Kräuselpetersilie abspülen, trockenschwenken und mit Küchenkrepp trockentupfen. Die gebackenen Camemberts aus dem Fett heben und auf einer dicken Schicht Küchenkrepp abfetten lassen. Die Petersilie in 4 kleine Büschel teilen und nacheinander im heißen Fett für ein paar Sekunden fritieren. Ebenfalls abfetten und mit dem Käse zusammen anrichten. Das Preiselbeerkompott oder die Preiselbeer-Cumberlandsauce dazu reichen.

Preiselbeer-Götterspeise

750 g Preiselbeeren · 200 g Honig
Saft von 1 Zitrone · ½ Zimtstange
8 Scheiben Pumpernickel (250 g)
2 Becher Sahne (400 g) · ½ Teel. gemahlene Vanille
2 Eßl. gehackte Pistazien · 1 Eßl. Schokoladenstreusel

Zubereitungszeit: 50 Minuten
Kühlzeit: 1 Stunde

Die Preiselbeeren verlesen, waschen und abtropfen lassen. Mit dem Honig, dem Zitronensaft und der Zimtstange in einen Topf geben, langsam erhitzen und 20 Minuten bei schwacher Hitze kochen lassen, so daß ein Teil der Flüssigkeit verkocht. Dabei häufig mit einem Holzlöffel umrühren, damit die Beeren nicht am Topf ankleben. Vom Herd nehmen, die Zimtstange entfernen und abkühlen lassen.
Die Pumpernickelscheiben in kleine Stücke brechen und dann mit den Händen zerkrümeln.
Die Sahne mit der Vanille steifschlagen. In eine Glasschale oder Portionsgläser zuerst die Hälfte des Pumpernickels füllen, die Hälfte der Preiselbeeren daraufschichten, darüber eine Schicht Sahne. Das ganze noch einmal wiederholen. Die oberste Schicht sollte Schlagsahne sein.
Für etwa 1 Stunde im Kühlschrank kalt stellen. Vor dem Servieren mit den gehackten Pistazien und Schokoladenstreuseln verzieren.

Preiselbeer-Cumberlandsauce

500 g Preiselbeeren · ¼ l Wasser · 300 g Honig
2 Orangen (unbehandelt) · 10 Kardamomkörner
1 Teel. gemahlener Ingwer · 1 Prise gemahlener Zimt
1 Prise gemahlene Nelken · 1 Zitrone (unbehandelt)
1 Eßl. Arrow-root-Mehl (Pfeilwurzelmehl aus dem
Reformhaus) · 2 Teel. mittelscharfer Senf

Zubereitungszeit: 50 Minuten

Die Preiselbeeren verlesen, waschen und abtropfen lassen.
In einem mittelgroßen Topf das Wasser mit dem Honig erhitzen, bis er sich aufgelöst hat. Die Preiselbeeren hinzufügen, zum Kochen bringen und bei schwacher Hitze 10 Minuten kochen lassen. Die Orangen waschen, mitsamt den Schalen zuerst in Scheiben schneiden, dann feinhacken und zu den Preiselbeeren geben. Die Kardamomkörner im Mörser zerstoßen, damit, mit dem Zimt, dem Ingwer und den Nelken die Preiselbeeren würzen. Alles zusammen auf kleiner Hitze unter häufigem Umrühren 30 Minuten kochen lassen.
Die Zitrone waschen, abtrocknen, die Schale abreiben und den Saft auspressen.
In einer Tasse das Arrow root in dem Zitronensaft auflösen, mit dem Senf und der abgeriebenen Zitronenschale verrühren und mit dieser Mischung das Preiselbeerkompott binden.
Diese Sauce paßt zu Wild, zu Haselnußcrêpes oder zu Brätlingen mit wilden Möhren.

Rose

Rosa canina, Gemeine Heckenrose, Hagrose, Heinzerlein, Hiefenstrauch, Hundsrose, Wilde Heiderose, Wipken, Wildhips

Sammelzeit: Herbst

Der mittelgroße Strauch kommt vor allem an Böschungen, Wegrainen, in Hecken, auch in Wäldern vor; die wechselständigen kahlen Blätter an den stacheligen Stielen sind dunkelgrün und kahl, die rosafarbenen, ungefüllten Blüten haben nicht den aromatischen Duft anderer Rosen. Die Früchte werden Hagebutten genannt, sind bis 2 cm lang, oval, leuchtendrot und gefüllt mit kleinen Schließfrüchten. Die kleinen Borstenhaare im Innern der Hagebutte sind als Juckpulver weidlich bekannt. Rosenblütenblätter sind eine dekorative Ergänzung für Fruchtsalate, Hagebutten ergeben köstliche Marmelade oder Gelee, werden aber auch zu Saft verarbeitet. Wegen ihres hohen Gehalts an Vitamin C verwendet man die getrockneten und gemahlenen Früchte als Tee, der etwas säuerlich und sehr erfrischend schmeckt. Hagebutten werden deshalb als Beigabe in vielen Teemischungen gegen Infektionen und allgemeine Schwäche verwendet.

Hagebuttenauflauf

60 g Butter · *60 g Honig* · *3 Eier*		
30 g Mandelblättchen · *100 g Weizenkeime*		
3 Eßl. Hagebuttenmarmelade (Rezept unten)		
Butter zum Einfetten der Form · *1 Prise Salz*		

Zubereitungszeit: 55 Minuten

Die Eier trennen. Die Butter mit dem Honig und den Eigelben schaumig rühren.
Den Backofen auf 175 °C vorheizen.
Die Mandelblättchen zusammen mit den Weizenkeimen in der trockenen Pfanne unter Schütteln leicht rösten und unter die Masse ziehen. Die Hagebuttenmarmelade dazurühren.
Eine Auflaufform mit Butter einfetten.
Die Eiweiße mit 1 Prise Salz schnittfest schlagen und vorsichtig unter die Hagebuttenmasse heben. Auf der mittleren Schiene des Backofens 30 Minuten backen.

Hagebuttenmarmelade

500 g Hagebutten · *1 Tasse Wasser*	
Saft von 1 Zitrone · *½ Zimtstange*	
Samen aus 5 Kardamomkapseln · *150 g Honig*	

Zubereitungszeit: 1 Stunde 30 Minuten

Die Hagebutten entstielen und die Blütenansätze wegschneiden. Halbieren und mit einem spitzen Messer die Kerne herauskratzen (Gummihandschuhe anziehen). Die Schalenhälften mehrmals gut waschen, bis alle Samenhärchen herausgelöst sind. Mit Wasser bedeckt über Nacht stehen lassen.
Am nächsten Tag einen Teil des Wassers abgießen, die Hagebutten in 1 Tasse Wasser, mit dem Zitronensaft und der halben Zimtstange in etwa ½ Stunde weichkochen. Durch ein Sieb passieren. Die Kardamomsamen im Mörser zerstoßen. Mit dem Honig zum Hagebuttenmark geben und alles zusammen noch einmal 10 Minuten bei schwacher Hitze kochen lassen. In Gläser füllen und sofort verschließen.

Zum Bild rechts:
Die Rose liefert köstliche Früchte, die sich auf vielerlei Weise zubereiten lassen, etwa zu Hagebuttenauflauf und Hagebuttenmarmelade.

Hagebuttensuppe

Hagebutten sind zwar roh eßbar, aber die harten Schalen und die vielen Kerne beeinträchtigen den Genuß. Wer sie noch am Tag der Ernte essen möchte, sollte einmal die folgende köstliche Suppe versuchen. Fruchtsuppen wie diese waren ein fester Bestandteil des Küchenzettels unserer Großmütter. Heute, wo wir Suppen in erster Linie als Vorspeise essen, sind sie fast vergessen. Sie schmecken besonders an kalten Tagen als Abendessen.

300 g Hagebutten · 2 Äpfel · 1 Zitrone (unbehandelt)
1 l Wasser · 1 Gewürznelke · 1 Zimtstange
40 g Butter · 2 Eßl. Mehl · 3–4 Eßl. Honig
1 Glas Rotwein · 1 Prise Salz

Zubereitungszeit: 1 Stunde

Die Hagebutten von den Blütenansätzen und Stielen befreien, halbieren, entkernen und gründlich waschen.
Die Äpfel schälen, vierteln und das Kernhaus herausschneiden.
Die Schale der Zitrone dünn spiralenförmig abschneiden, dann den Saft auspressen (sollten nur gespritzte Zitronen zur Hand sein, die Schale nicht verwenden).
In 1 l Wasser die Hagebutten zusammen mit den Äpfeln, der Zitronenschale, der Gewürznelke und der Zimtstange in ½ Stunde garkochen. Dann durch ein Sieb passieren.
Die Butter in einem Topf erhitzen, das Mehl hineinrühren und leicht Farbe nehmen lassen; nach und nach den Hagebuttensud angießen, einige Minuten kochen lassen.
Die Suppe vom Herd nehmen, den Honig und den Zitronensaft einrühren und den Rotwein angießen. Mit Salz abschmecken.

Mein Tip

Für diese Suppe können Sie auch getrocknete Hagebutten verwenden. Sie werden ebenso wie frische zum Kochen vorbereitet und dann etwa 8 Tage an einem warmen Ort getrocknet. Knapp 100 g getrocknete Hagebutten in ½ l Wasser 3 Stunden einweichen, dann ebenso verfahren wie oben.

Hagebuttenlikör

Man pflückt die Hagebutten für diesen feinen Likör erst nach den ersten Frösten, wenn sie tiefrot und etwas glasig aussehen.

500 g Hagebutten · ¾ l Weingeist (38%)
3 Eßl. Honig

Zubereitungszeit: 1 Stunde
Ruhezeit: 3–4 Wochen

Die Hagebutten halbieren, die Kerne mit einem spitzen Messer herauskratzen (Gummihandschuhe anziehen, die kleinen Härchen an den Kernen wirken wie Juckpulver). Die Fruchthälften in eine Ansetzflasche geben und mit Weingeist auffüllen. 3–4 Wochen an einem warmen Ort ziehen lassen. Gelegentlich kräftig durchschütteln.
Danach durch ein sauberes Nesseltuch oder einen Papierfilter in eine andere Flasche gießen.
Den Honig im Wasserbad nur erwärmen, nicht erhitzen, zu dem gefilterten Hagebuttenauszug geben und die Flasche zukorken. Kräftig schütteln, bis der Honig vollständig gelöst ist.
Der Likör ist jetzt trinkfertig.

Rosenschiffchen

1 Honigmelone · 1 Glas Met (150 ml)
30 g Mandelblättchen · 1 Eßl. Butter
1 Becher Sahne (200 g) · ¼ Teel. gemahlene
Vanille · Blütenblätter von 15–20 voll
aufgeblühten Heckenrosen

Zubereitungszeit: 20 Minuten
Kühlzeit: 2–3 Stunden

Die Melone halbieren, entkernen und in 8 Stücke schneiden. Das Fruchtfleisch mit Met begießen und die Melonenstücke zugedeckt 2–3 Stunden im Kühlschrank durchziehen lassen. Zuletzt etwa 15 Minuten ins Eisfach stellen.
Inzwischen die Mandelblättchen in der Butter rösten; die Sahne mit der Vanille steifschlagen. Die Mandelblättchen auf die Melone streuen, die Sahne daraufsetzen und die frischen Rosenblätter darüberstreuen – sie werden natürlich mitgegessen.

Rotfußröhrling

Xerocomus chrysentheron, Rotfüßchen

Sammelzeit: Juli – November

Er fühlt sich im Laubwald ebenso zu Hause wie im Nadelwald. Wenn man Glück hat, findet man nicht nur einen, sondern gleich eine ganze Familie und kann sich den Pilzkorb an einem einzigen Fundort füllen. Der fleischige Hut ist zuerst halbkugelrund und filzigbraun, später wird er gewölbt, die Haut rissig.

Das hellgelbe Fleisch, das sich beim Anschnitt meist blau verfärbt, ist unter der Huthaut rötlich; auch der sonst meist gelbliche Stiel weist an seinem unteren Ende eine Rotfärbung auf.

Mit irgendeinem Giftpilz kann selbst der Anfänger den Rotfußröhrling kaum verwechseln.

Um eine Pilzmahlzeit einzusammeln, muß man sich oft bücken, denn nur ganz frische junge Exemplare lohnen die Mühe. Sie aber sind, auch gemischt mit anderen Pilzen wie Butterpilzen oder Rotkappen, ganz besonders schmackhaft. Am aromatischsten schmecken übrigens im Herbst geernteten Exemplare.

Röhrlingstopf mit Bier

500 g Rotfußröhrlinge · 2 Zwiebeln	
3 Eßl. Sonnenblumenöl · ¼ l dunkles Bier	
½ Teel. Salz · schwarzer Pfeffer	
1 Lorbeerblatt · 1 kleines Sträußchen frischer	
Thymian oder 1 Teel. getrockneter Thymian	
750 g Möhren · 3 Eßl. Sahne	

Zubereitungszeit: 1 Stunde

Die Rotfußröhrlinge putzen, kurz unter fließendem kaltem Wasser abspülen und abtropfen lassen. Spröde Stiele wegwerfen, die Hüte und die jungen Stiele in dünne Scheiben schneiden.
Die Zwiebeln schälen und feinhacken.
Das Öl erhitzen, die Zwiebeln darin glasig braten und die Pilze zufügen. Unter Rühren anbraten. Das Bier zugießen, die Pilze mit Salz und Pfeffer würzen, das Lorbeerblatt und den Thymian zufügen. Bei mittlerer Hitze zugedeckt etwa 10 Minuten schmoren.
Inzwischen die Möhren schaben, waschen und in dünne Scheiben schneiden. Zu den Pilzen geben und das Ganze weitere 10 Minuten schmoren.
Das Lorbeerblatt und die Thymianzweige aus dem Topf nehmen. Die Sahne einrühren und das Gericht noch einmal mit Salz und Pfeffer abschmecken. Dazu passen Petersilienkartoffeln oder gekochter Reis.

Bratkartoffeln mit Rotfußröhrlingen

1½ kg Kartoffeln (festkochend) · 300 g Rotfußröhrlinge	
4 Eßl. Gänseschmalz · Salz · weißer Pfeffer	

Zubereitungszeit: etwa 1 Stunde

Die Kartoffeln schälen, waschen, abtrocknen und in dünne Scheiben schneiden.
Die Pilze putzen, waschen, abtropfen lassen und ebenfalls in dünne Scheiben schneiden. Die Stiele nicht mitverwenden.
Eine Eisenpfanne gut mit 1 Eßlöffel Gänseschmalz einfetten, die Kartoffeln abwechselnd mit den Pilzen hineinschichten, mit dem übrigen geschmolzenen Gänseschmalz übergießen, salzen und pfeffern. Im Backofen oder auf dem Herd bei mittlerer Hitze braten. Wenn die Kartoffeln braun sind, vorsichtig umdrehen und von der anderen Seite braten. Dieses deftige Gericht muß sehr heiß serviert werden.

Rotkappe

*Leccinum testaceoscabrum, Birkenrotkappe,
Orangegelber Rauhfuß, Rotdocke, Rothäuptchen,
Rotkäppchen, Schwarzschuppige Rotkappe*

Sammelzeit: Sommer und Herbst

*Rotkappen sind oft in lichten Birkenwäldern, aber auch
unter Pappeln im Wald und am Wegrand anzutreffen.
Die Fundstelle sollte man sich merken, weil man dort
gewiß im nächsten Jahr wieder fündig wird.
Auffallendstes Merkmal bei diesem Pilz ist der lange,
massive Stengel im Verhältnis zu dem relativ kleinen
halbkugeligen Hut mit der roten oder rötlichbraunen
Haut. Die Röhren sind weißlich bis gelbgrau; wenn
man mit dem Finger daraufdrückt, hinterläßt das
dunkle Flecken. Der weiße Stiel hat fast Zylinderform
und ist mit schwärzlichen Schuppen bedeckt, das Fleisch
ist fest und weiß und verfärbt sich beim Anschnitt ins
Rosaviolette, später fast ins Schwarze.
Die Rotkappe ist allenfalls mit dem ebenfalls
wohlschmeckenden Birkenpilz zu verwechseln, aber
nicht mit giftigen Pilzen. Sie eignet sich für
Mischpilzgerichte und kann auch getrocknet werden.*

Rotkappen-Käsesauce

Unter den vielen eßbaren Pilzen sind die Rotkappen
gewiß die hübschesten, und geschmacklich können
sie sich sogar mit dem Steinpilz messen. Zwei Arten
kommen bei uns vor: eine orangerot leuchtende und
eine rostbraun samtige. Die ganze Pracht geht leider
schon beim Aufschneiden verloren, sie verfärben sich
schnell bläulich und werden beim Kochen noch
dunkler. Daran sollte man sich aber nicht stören, ihr
Aroma ist in jedem Fall köstlich.

600 g Rotkappen · 2 Zwiebeln
2 Eßl. Butter · 2 Eßl. Olivenöl
50 g Weizenvollkornmehl Type 1050 · ½ l Milch
Salz · 1 Prise Cayennepfeffer · 200 g Ricotta
½ Becher Sahne (100 g)

Zubereitungszeit: etwa 1 Stunde

Die Rotkappen putzen, kurz unter fließendem kaltem
Wasser abspülen und abtropfen lassen. Die Stiele von
jungen Exemplaren können mitverwendet werden,
nachdem die Schuppen abgeschabt sind. Die Hüte
blättrig schneiden, die Stiele in runde Scheiben.
Die Zwiebeln schälen und feinhacken.
In einem mittelgroßen Topf die Butter zusammen mit
dem Öl erhitzen, die Zwiebeln darin mit den Pilzen
anbraten, bis die Zwiebeln glasig sind.
Anschließend das Mehl unter ständigem Rühren
einstreuen, so daß Zwiebeln und Pilze davon überzogen werden. Bei milder Hitze 1 Minute weiterrühren.
Die Milch nach und nach hinzugießen. Zum Kochen
bringen und bei milder Hitze solange kochen lassen,
bis die Sauce eingedickt ist. Mit Salz und Cayennepfeffer würzen.
In einer Schüssel oder im Mixer den Ricotta mit der
Sahne verrühren, bis er weich und glatt ist. Den Käse
in die Sauce rühren. Dabei ständig mit einem Schneebesen schlagen, damit keine Klümpchen entstehen.
Langsam erhitzen, aber nicht mehr kochen lassen.
Die Sauce paßt gut zu Vollkornnudeln oder zu braunem Reis.

Rotkappen-Reissalat

125 g brauner Langkornreis · 2 Tassen Wasser

Salz · 500 g junge Rotkappen

5 Eßl. Zitronensaft · 1 Zwiebel

2 hartgekochte Eier · 2 Salzgurken

1 große Fleischtomate · 1 Eßl. Kapern

8 Eßl. Sonnenblumenöl · Pfeffer

Zubereitungszeit: 1 Stunde
Kühlzeit: 1–2 Stunden

Den Reis unter fließendem kaltem Wasser waschen, bis das Wasser klar abläuft. Mit 2 Tassen leicht gesalzenem Wasser zum Kochen bringen, 5 Minuten sprudelnd kochen und anschließend zugedeckt bei schwacher Hitze 45 Minuten ausquellen lassen.
Die Rotkappen putzen, die Stiele abschaben. Kurz unter fließendem kaltem Wasser waschen und in Scheiben schneiden. Sofort mit 2 Eßlöffeln Zitronensaft beträufeln, damit sie sich nicht bläulich verfärben. In einem Topf mit kochendem gesalzenem Wasser 10 Minuten leicht kochen lassen, auf ein Sieb geben und abtropfen lassen.
Die Zwiebel und die Eier schälen und feinwürfeln, ebenso die Salzgurken. Die Tomate in kochendes Wasser tauchen, häuten und in kleine Stücke schneiden. Die Pilze, die Zwiebel, die Eier, die Salzgurken, die Tomate und die Kapern gut mit dem Reis vermischen.
Aus dem Sonnenblumenöl, dem restlichen Zitronensaft, Salz und Pfeffer eine Marinade rühren und über den Salat gießen. Für 1–2 Stunden im Kühlschrank kalt stellen.

Variante: Aus 2 Eigelben, 1 Teelöffel Zitronensaft, Salz, ⅛ l Olivenöl und 1 Teelöffel Senf eine Mayonnaise rühren und unter den Salat mischen.

Mein Tip

Auch andere, festfleischige Röhrlinge wie Steinpilze, Maronen und junge Birkenpilze eignen sich für diesen pikanten Salat. Ungeeignet sind dagegen Pilze, die erst durch längeres Garen bekömmlich werden.

Rotkappensuppe unter der Haube

2 Platten Tiefkühlblätterteig (150 g)

500 g Rotkappen · 1 Möhre · 2 Stangen Bleichsellerie

1 Schalotte · 2 Eßl. Butter · Salz · Pfeffer

1 l Gemüsebrühe · 1 Bund Petersilie

1 Eiweiß · 1 Eigelb

Zubereitungszeit: 1 Stunde

Den Blätterteig nach Vorschrift auftauen lassen.
Die Rotkappen putzen, kurz in kaltem Wasser waschen, abtropfen lassen und in Scheiben schneiden. Nur die Stiele von sehr jungen Pilzen sollten mitverwendet werden. Die Möhre und die Selleriestangen waschen, putzen und feinschneiden, die Schalotte schälen und hacken. In einem Topf die Butter erhitzen, die Gemüse darin unter Umwenden anbraten, die Pilze hinzufügen und zugedeckt 10 Minuten im eigenen Saft mitdünsten. Mit Salz und Pfeffer würzen. Die Pilz-Gemüsemischung in 4 feuerfeste Portionsschüsseln geben, mit der Gemüsebrühe aufgießen und mit der gewaschenen und feingehackten Petersilie bestreuen.
Den Backofen auf 220 °C vorheizen.
Den Blätterteig zwischen 2 Küchentüchern möglichst dünn ausrollen und 4 runde Scheiben, etwas größer als die Suppenschüsseln, ausschneiden. Die Ränder der Suppenschüsseln und die Teigränder mit Eiweiß bestreichen. Die Blätterteigscheiben auf die Schüsseln legen und die Ränder fest ankleben. Mit dem verquirlten Eigelb bestreichen und auf die mittlere Schiene des vorgeheizten Backofens setzen. Etwa 10–15 Minuten backen; der Blätterteig soll goldgelb und knusprig aufgegangen sein. Bei Tisch die Blätterteigkruste mit dem Löffel in die Suppe drücken und zusammen mit der Suppe auslöffeln.

Variante: Man kann mit den Gemüsen noch 1 gehackte Knoblauchzehe anbraten, auf den Pilzen 150 g feingeschnittenen Schinken verteilen, mit Fleischbrühe auffüllen und Majoran anstelle von Petersilie daraufstreuen.

Salbei

Salvia pratensis, Brandele, Gockerschwanz,
Kikelskamm, Salbine, Schafzunge, Selw, Wiesensalbei,
Wolfsblom

Sammelzeit: Mai – Juli

Wiesensalbei – nicht zu verwechseln mit dem im
Mittelmeergebiet heimischen und bei uns nur kultiviert
anzutreffenden Gartensalbei – ist häufig auf Wiesen
und am Wegrand zu finden. Die langgestielten
gekerbten oder gezähnten Grundblätter bilden eine
Rosette, die Stengelblätter sind winzigklein. Die
blauvioletten Blüten stehen in Scheinquirlen.
Wiesensalbei ist ebenso wie die kultivierte Gartenform
ein ausgezeichnetes Gewürz für Fleischgerichte, eignet
sich aber auch als Beigabe zu Salaten und Gemüse.
Sein Aroma ist weniger intensiv als das des
Gartensalbeis, deshalb kann man ruhig etwas
großzügiger mit den frischen Blättern umgehen. Salbei
hat aber auch heilende Wirkung; er regt den Appetit an
und fördert die Verdauung. Als Heilpflanze, vor allem
gegen Entzündungen und Krämpfe, ist der
Gartensalbei wegen seines höheren Gehaltes an
ätherischen Ölen vorzuziehen.

Saltimbocca alla Romana

Das berühmte Kalbfleischgericht der Römer bezieht
seine Würze vor allem aus den sparsam verwendeten
Salbeiblättern. Es kann mit Gartensalbei, wie in diesem Rezept, aber auch mit Wiesensalbei zubereitet
werden.

4 große Kalbsschnitzel zu je 150 g (nicht weniger
als ½ cm dick) · Salz · weißer Pfeffer
12 frische Gartensalbeiblätter · 8 dünne Scheiben
Schinkenspeck · 4 Eßl. Olivenöl · 4 Eßl. Weißwein

Zubereitungszeit: 20–25 Minuten

Die Schnitzel leicht mit dem Handballen klopfen, wenig Salz und Pfeffer darüberstreuen, mit je 2 Salbeiblättern und 1 Scheibe Schinkenspeck belegen und
der Länge nach zusammenklappen. Die restlichen
Speckscheiben und Salbeiblätter auf das zusammen-
geklappte Fleisch legen und die Schnitzel mit Holz-
spießchen flach zusammenstecken.
Das Olivenöl in einer Pfanne erhitzen, die Saltimbocca hineinlegen und auf jeder Seite 4 Minuten braten;
aus der Pfanne nehmen und warm halten.
Den Weißwein in die Pfanne gießen, den Bratsatz damit lösen und über die Kalbsschnitzel verteilen.
Probieren Sie dazu knuspriges Weißbrot und eine
große Portion Salat, zum Beispiel den köstlichen Löwenzahnsalat mit Speck von Seite 61.

Hirseauflauf mit Wiesensalbei

2 Tassen Hirse · 4 Tassen klare Gemüsebrühe · 4 Eier
100 g geriebener junger Goudakäse · 2 Handvoll
frische Wiesensalbeiblätter (30 g) · 20 g Butter

Zubereitungszeit: 1 Stunde 15 Minuten

Die Hirse in die kochendheiße Brühe geben und
20 Minuten ausquellen lassen, bis die Flüssigkeit von
den Körnern völlig aufgenommen worden ist.

Zum Bild rechts:
Mit Gartensalbei sollte man – etwa beim Saltimbocca alla
Romana – weniger verschwenderisch umgehen als mit dem
sanfteren Wiesensalbei.

Vom Herd nehmen und abkühlen lassen.
Den Backofen auf 200 °C vorheizen.
Die Eier in Eigelbe und Eiweiße trennen. Die abgekühlte Hirse mit den Eigelben verrühren, den Käse und den gewaschenen, kleingeschnittenen Wiesensalbei dazugeben.
Die Eiweiße zu steifem Schnee schlagen und vorsichtig unter die Hirse heben. Die Hirsemasse in eine gefettete Auflaufform füllen, die Butter in Flöckchen darübergeben und den Auflauf 40 Minuten auf der mittleren Schiene des Backofens backen.

Salbeimäuschen

2 Eier · 100 g Weizenvollkornmehl Type 1050
1 Prise Salz · ⅛ l Weißwein
20 frische Wiesensalbeiblätter
Pflanzenöl zum Ausbacken

Zubereitungszeit: 20 Minuten
Ruhezeit für den Teig: 30 Minuten

Die Eier trennen.
Das Mehl mit dem Salz, den Eigelben und dem Wein verrühren. Den Teig 30 Minuten ruhen lassen. Die Eiweiße steifschlagen und darunterheben.
Das Pflanzenöl in einer Pfanne erhitzen, bis leichter Rauch aufsteigt. Die Salbeiblätter an den Stengeln anfassen, in den Teig tauchen und im heißen Öl knusprig backen.
Warm oder kalt zu Weißwein essen. Man faßt die Mäuschen bei den Stielen an, die als »Mauseschwänzchen« aus dem Teig herausstehen.

Variante: Statt Wein können Sie auch Cidre für den Teig verwenden und zum Essen Cidre trinken.

Ravioli mit Kräuterspinatfüllung

350 g Weizenvollkornmehl Type 1050
1 Teel. Meersalz · 2 Eier · 2 Eßl. Olivenöl
½ Tasse warmes Wasser · 500 g Brennesseln
2 hartgekochte Eier · 1 Handvoll Wiesensalbeiblätter
2 Eßl. Butter · 2 Eßl. geriebener Parmesankäse
100 g Ricotta oder Magerquark · ½ Teel. Meersalz
frisch gemahlener schwarzer Pfeffer

Zubereitungszeit: 2 Stunden

Das Mehl mit dem Salz vermischen und in eine Backschüssel sieben. In die Mitte eine Vertiefung drücken und die Eier hineinschlagen, das Öl und das Wasser zugießen. Das Mehl von außen her in die Flüssigkeit arbeiten, bis ein fester, feuchter Teig entsteht. Eventuell noch etwas Wasser zugeben.
Den Teig auf einem großen bemehlten Brett 5–10 Minuten durchkneten, zu einer Kugel formen. Zugedeckt beiseite stellen.
In einem großen Topf 3 l Wasser zum Kochen bringen. Für die Füllung die Brennesseln waschen (Gummihandschuhe nicht vergessen!), die Blätter von den Stielen zupfen und in kochendem Wasser 3 Minuten blanchieren. Die Blätter auf ein Sieb schütten und gut abtropfen lassen; die Flüssigkeit leicht herausdrükken.
Die Blätter feinhacken oder im Mixer pürieren.
Die hartgekochten Eier abpellen und hacken.
Die Wiesensalbeiblätter waschen, abtropfen lassen und zusammen mit den Eiwürfeln, mit der Butter, dem Parmesan und dem Ricotta oder Quark unter die Brennesseln rühren.
Den Teig in 4 gleich große Stücke teilen. Auf einem großen bemehlten Backbrett 2 Viertel so dünn wie möglich ausrollen. Auf dem einen die Füllung teelöffelweise in geraden Reihen verteilen. Der Abstand von Häufchen zu Häufchen soll etwa 3–4 cm betragen. Die Zwischenräume gitterartig mit Wasser bestreichen. Das zweite ausgerollte Teigstück vorsichtig darüberlegen und überall dort auf die untere Teigplatte drücken, wo keine Füllung ist. Mit dem Teigrädchen gleichmäßige Vierecke ausradeln. Die beiden anderen Teigstücke auf die gleiche Weise ausrollen und füllen. Die Ravioli vor dem Kochen 20 Minuten trocknen lassen.
In einem großen Topf gesalzenes Wasser zum Kochen bringen, die Ravioli hineingeben und 8–10 Minuten sprudelnd kochen lassen. Mit einem Holzlöffel öfters umrühren.
Dazu paßt Tomatensauce oder geschmolzene Butter.

Variante: Statt mit Brennesseln können Sie dieses Rezept auch mit Weißer Melde oder Beinwell versuchen oder mit einer Mischung aus allen drei Gemüsen.

Sanddorn

*Hippophae rhamnoides, Amritscherl, Audorn,
Dünendorn, Fasanenbeere, Haffdorn, Korallenbeere,
Rote Schlehe, Stranddorn*

Sammelzeit: September, Oktober

*Der stark mit Dornen besetzte mittelgroße Strauch oder
kleine Baum gedeiht am besten an steinigen oder
sandigen Stellen, an Bach- und Flußufern, Abhängen,
im Geröll oder kultiviert in Gärten und Parks. Die
jungen Zweige sind mit silbrigen Haaren überzogen, bei
alten Zweigen wird die Rinde braun. Die schmalen, nur
etwa 5 mm breiten und etwa 6 cm langen Blätter sind
auf der Unterseite silberweiß. Die zahlreichen Blüten
stehen dicht beieinander. Die aromatischen Früchte
sind gelb bis orangerot, oval und haben einen
steinartigen Samen; ihr Geschmack ist säuerlich.
Sanddornbeeren werden vor dem ersten Frost geerntet
und roh zu Saft, aber auch zu Marmelade verarbeitet.
Durch ihren hohen Gehalt an verschiedenen Vitaminen
und Mineralstoffen eignen sie sich als Zusätze zu
allerlei Getränken. Sanddornsaft wird gegen Fieber und
bei Schwächezuständen empfohlen.*

Sanddornsirup ungekocht

Unter allen unseren einheimischen Früchten haben
die Sanddornbeeren den höchsten Gehalt an Vitamin C. Um ihren gesundheitlichen Nutzen als Vor-
beugungsmittel gegen Erkältungskrankheiten so gut
wie möglich zu erhalten, sollte man beim Einmachen
aufs Kochen verzichten. Die Sanddornbeeren sollen
reif, aber nicht überreif gepflückt werden. Um den ge-
schützten Strauch zu schonen und trotzdem ganze
Beeren nach Hause zu bringen, schneidet man sie mit
einer Schere vom Strauch und fängt sie in einem dar-
untergehaltenen Körbchen auf.

1 kg frisch gepflückte Sanddornbeeren

500 g Honig

Zubereitungszeit: 45 Minuten

Die Beeren vorsichtig in viel kaltem Wasser waschen
und zum Abtropfen auf ein Sieb schütten. In einen
Topf geben und auf niedrigster Stufe langsam erhitzen. Dabei den Topf hin und wieder schütteln, damit
die unteren nach oben kommen und alle gleichmäßig
heiß werden und Saft ziehen können. Die Beeren dabei aber nicht zum Kochen bringen. Sobald die Beeren blaß werden und nicht mehr rund sind, vom Herd
nehmen und durch ein feines Sieb in eine Rührschüs-
sel streichen. Den Honig löffelweise dazugeben. Mit
dem Handrührgerät auf kleiner Stufe etwa 20 Minuten rühren, bis eine dickflüssige Masse entstanden ist.
Den Sirup in heiß ausgespülte braune Flaschen füllen
(Vitamine sind lichtempfindlich) und luftdicht verschließen. Der Sirup hält sich im Kühlschrank
5–6 Monate. Er ist eine feine und gesunde Ergänzung
zu Müsli, Joghurt, Saucen und Süßspeisen und zu
Milchmixgetränken.

Sanddorn-Eiercreme

1 kg frisch geerntete Sanddornbeeren

50 g Butter · 3 Eier · 450 g Honig

Zubereitungszeit: 30 Minuten

Die Sanddornbeeren kurz und vorsichtig in kaltem
Wasser waschen, damit der Saft nicht durch die dünnen Schalen austritt. In einem Topf langsam unter gelegentlichem Umrühren zum Kochen bringen und in
etwa 10 Minuten breiig kochen. Vom Herd nehmen

und durch ein feines Sieb drücken. Die Beeren gut ausdrücken.

Die Butter, die Eier und den Honig in eine größere feuerfeste Schüssel geben. Diese in einen großen, bis zur halben Höhe der Schüssel mit heißem Wasser gefüllten Topf stellen. Die Mischung im schwach siedenden Wasserbad mit einem Schneebesen oder Handrührgerät in 10–15 Minuten cremig schlagen. Das Sanddornmus nach und nach hineinrühren und nochmals 20 Minuten weiterschlagen, bis eine dicke Creme entstanden ist.

Die Creme in gut ausgespülte Gläser füllen und luftdicht verschließen. Die Gläser nebeneinander auf einen Rost in den großen Topf stellen. Sie dürfen sich nicht berühren. Warmes Wasser bis 2½ cm unterhalb des Gläserrandes einfüllen. Das Wasser zum Kochen bringen und die Creme in 5 Minuten sterilisieren. Kühl aufbewahrt, hält sich diese Creme 4–5 Monate. Einmal geöffnete Gläser schnell aufbrauchen.

Das Mus ist ein gesunder, köstlicher Brotaufstrich, der zu Joghurt, Müsli, süßen Aufläufen, Waffeln und zu pikanten Saucen paßt.

Mein Tip

Mit Sanddornsirup und Sanddorn-Eiercreme kann man nicht nur Müsli, Joghurt und Cremespeisen verfeinern, sondern auch Fleisch- und Wildgerichte. Den Bratensatz mit etwas Weißwein lösen, dann durch ein Sieb in einen kleinen Topf gießen. 3 Eßl. Crème fraîche unterrühren und alles zu einer sämigen Sauce einkochen. Mit Sanddornsirup und einigen Tropfen Calvados abschmekken.

Sanddorncremetorte

Für den Teig:

40 g Haselnußkerne · ¼ Teel. Backpulver

130 g Weizenvollkornmehl Type 1050 · 4 Eigelbe

130 g Honig · 4 Eßl. lauwarmes Wasser

½ Teel. gemahlene Vanille · 40 g Butter · 4 Eiweiße

Für die Füllung:

4 Blatt weiße Gelatine · 400 g Sahnequark

250 g Sanddorn-Eiercreme (Rezept Seite 87)

3 Teel. abgeriebene Orangenschale (unbehandelt)

Zum Verzieren:

1 Eßl. gehackte Pistazien · 1 Becher Sahne (200 g)

Zubereitungszeit für den Biskuitboden: 40 Minuten
Backzeit: 40–45 Minuten

Den Boden einer Springform von 60 cm Durchmesser mit Backtrennpapier belegen.

Die Nüsse mahlen und mit dem Backpulver unter das Mehl mischen. Die Eigelbe, den Honig und das Wasser mit dem Schneebesen oder dem Handrührgerät auf höchster Stufe zu einer dicken Creme schlagen. Die gemahlene Vanille darunterrühren.

Den Backofen auf 180 °C vorheizen.

Die Butter bei milder Hitze zerlassen.

Die Eiweiße sehr steif schlagen. Die Hälfte des Eischnees auf die Eigelbcreme geben, die Hälfte der Nuß-Mehl-Mischung locker darüberstreuen und alles vorsichtig unterheben. Den restlichen Eischnee, das übrige Mehl und zuletzt die zerlassene Butter unterziehen. Den Teig in die Springform füllen und glattstreichen. Im vorgeheizten Backofen auf der untersten Schiene etwa 40 Minuten backen. Die Stäbchenprobe machen und eventuell noch einige Minuten nachbacken. Den Kuchen 10 Minuten in der Form abkühlen lassen, dann mit einem Messer vorsichtig am Rand ablösen. Den Springformrand abnehmen. Den Biskuitboden auf ein Kuchengitter stürzen und das Backtrennpapier vorsichtig abziehen. Erst am nächsten Tag durchschneiden und füllen.

Den Biskuitboden einmal durchschneiden. Die Gelatine in kaltem Wasser einweichen. Den Quark mit der Sanddorncreme verrühren und die Orangenschale dazugeben. Die Gelatine aus dem Wasser nehmen und tropfnaß bei milder Hitze unter ständigem Rühren auflösen, dann unter den Sanddornquark rühren. Zwei Drittel davon auf dem unteren Tortenboden verteilen. Den oberen Boden darauflegen, den Rand und die Oberfläche der Torte mit der übrigen Creme bestreichen. Mit den gehackten Pistazien bestreuen. Bis zum Festwerden der Creme die Torte 2 Stunden kühlen. Vor dem Servieren mit steifgeschlagener Sahne verzieren.

Sauerampfer

*Rumex acetosa, Salatampfer, Sauergras,
Sauerknöterich*

Sammelzeit: Frühjahr, Frühsommer

*Überall wo es feucht ist, auf Wiesen, an Gräben, aber
auch in lichten Wäldern und in Gebüschen findet man
die mehrjährige Pflanze, die bis 80 cm hoch werden
kann. Die großen saftigen Blätter sind grasgrün und
pfeilförmig; die unteren sitzen an langen Stielen, die
oberen sind kurzstielig. Die Blüten sind unscheinbar
rötlich-grün und stehen in lockeren Blütenständen.
Sauerampfer wird vielfach im Garten angebaut. Der
angenehm säuerliche Geschmack der Blätter macht ihn
zu einem der beliebtesten und verbreitetsten
Wildgemüse. Man kann daraus eine köstliche Suppe
oder ein feines Gemüsegericht bereiten, ihn aber auch
kleingehackt als Salatkraut verwenden.
Außerdem wirkt Sauerampfer mit seinem Schatz an
Vitaminen und Mineralstoffen auch noch
appetitanregend. Wegen seines Oxalsäuregehaltes
sollte er allerdings von Personen, die zu Steinbildung
neigen, gemieden werden.*

Überbackene Sauerampferklößchen

250 g Sauerampfer · 100 g Butter · 200 g trockener
Schichtkäse · 250 g geriebener Emmentalerkäse
3 Eier · 150 g Weizenvollkornmehl Type 1050
Salz · 1 Messerspitze schwarzer Pfeffer
geriebene Muskatnuß

Zubereitungszeit: 1 Stunde 15 Minuten

Den Sauerampfer gründlich waschen, die harten Stiele entfernen, gut abtropfen lassen.
30 g Butter in einem Topf erhitzen, dann die Blätter
unter häufigem Umrühren bei mittlerer Hitze
10–15 Minuten dünsten, bis der austretende Saft völlig verdampft ist. Danach den Sauerampfer mit dem
Wiegemesser feinwiegen oder im Mixer pürieren.
In einer großen Backschüssel den Sauerampfer, den
Schichtkäse, 150 g Emmentaler, die Eier, 100 g Mehl,
Salz, Pfeffer und Muskat zu einem glatten Teig verrühren. Mindestens ½ Stunde kühl stellen. Die restlichen 50 g Mehl auf einen flachen Teller geben.
Mit einem kalt abgespülten Teelöffel walnußgroße
Stückchen von dem gekühlten Teig abstechen, mit einem zweiten Teelöffel zu runden Klößchen formen,
in Mehl wenden und auf ein Holzbrett legen, bis alle
Klößchen geformt sind.
In einem großen Topf 3 l gesalzenes Wasser zum Kochen bringen, die Hitze reduzieren und die Klößchen
mit einem Schaumlöffel einlegen. Etwa 10 Minuten
ziehen, aber nicht kochen lassen. Ab und zu umrühren, damit die Klößchen nicht aneinanderkleben. Mit
dem Schaumlöffel aus dem Wasser heben und auf
einem Sieb abtropfen lassen.
Den Backofen auf 175 °C vorheizen.
Eine flache feuerfeste Form mit 20 g Butter ausstreichen, die Klößchen hineinsetzen. Mit dem restlichen
Emmentaler bestreuen, Butterflöckchen aus der restlichen Butter darauf verteilen und in 15–20 Minuten
überbacken; die Klößchen sind fertig, wenn der Käse
zu bräunen beginnt.

Sauerampfersuppe

Daß rohe Sauerampferblätter gut und erfrischend schmecken, weiß jeder noch aus der Kinderzeit; daß sie auch gekocht als Suppe oder Gemüse einen Platz auf unserer Wildgemüse-Speisekarte verdienen, beweist das folgende Rezept.

1 mittelgroße Stange Porree/Lauch
30 g Butter · 150 g Sauerampfer
¾ l Fleischbrühe · 350 g Kartoffeln
Salz · frisch gemahlener Pfeffer
4 Graubrotscheiben

Zubereitungszeit: 40 Minuten

Den Porree/Lauch waschen und in schmale Ringe schneiden.
In einem großen Topf die Butter erhitzen und den Porree/Lauch darin andünsten.
Den Sauerampfer waschen, von den harten Stielen befreien und die Blätter in schmale Streifen schneiden, zusammen mit dem Porree/Lauch etwa 5 Minuten unter Umwenden dünsten, bis sie zusammengefallen sind. Mit der Fleischbrühe auffüllen und das Ganze zum Kochen bringen.
Die Kartoffeln schälen, waschen, erst in 5 mm dicke Scheiben und dann in schmale Streifen in der Größe von Pommes frites schneiden. In die Suppe geben und diese etwa 25 Minuten bei mittlerer Hitze kochen lassen, die Kartoffeln sollen weich sein, aber nicht zerfallen. Mit Salz und Pfeffer würzen.
Die Graubrotscheiben halbieren und knusprig, aber nicht zu braun rösten. Die Suppenschüssel damit auslegen und die Suppe darübergießen.

Mein Tip

Statt der Fleischbrühe können Sie auch Spargelbrühe verwenden; sie gibt der Suppe ein feines Aroma und ist außerdem bekömmlich für die Nieren, die durch den Sauerampfer eher belastet werden.

Sauerampfer-Gurken-Kaltschale

500 g Sauerampfer · 1 große Zwiebel · 3 Eßl. Olivenöl
½ l Gemüsebrühe (zum Beispiel
das Kochwasser von Spargel oder Artischocken)
2 Gärtnergurken · 200 g Doppelrahmfrischkäse
1 Knoblauchzehe · geriebene Muskatnuß · ½ Teel.
edelsüßes Paprikapulver · 2 Eßl. Zitronensaft
weißer Pfeffer · Salz · 1 Becher Joghurt (175 g)
1 Handvoll Brunnenkresse

Zubereitungszeit: 45 Minuten
Kühlzeit: 2–3 Stunden

Den Sauerampfer waschen und abtropfen lassen, harte Stiele entfernen. Eine Handvoll Blätter beiseite stellen.
Die Zwiebel schälen und feinhacken.
In einem großen Topf das Olivenöl erhitzen und die Zwiebel darin glasig braten, den Sauerampfer zugeben und unter mehrmaligem Wenden dünsten, bis er zusammengefallen ist. Mit der Gemüsebrühe auffüllen.
Die Gurken schälen, der Länge nach vierteln, entkernen und würfeln. In den Topf zu dem Sauerampfer geben und alles bei schwacher Hitze 20 Minuten lang kochen lassen. Danach durch ein Sieb streichen oder portionsweise im Mixer pürieren; die pürierten Gemüse wieder in den Topf zurückgießen. Den Doppelrahm-Frischkäse in Stückchen schneiden und in die heiße Suppe rühren. Bei schwacher Hitze solange weiterrühren, bis er völlig geschmolzen ist.
Die Knoblauchzehe schälen, feinhacken und hineingeben. Mit Muskat, Paprika, dem Zitronensaft, weißem Pfeffer und Salz würzen. Die Suppe vom Herd nehmen und den Joghurt hineinrühren. 2–3 Stunden in den Kühlschrank stellen.
Die Brunnenkresse in heißem Wasser waschen, abtropfen lassen und zusammen mit den zurückgelegten Sauerampferblättern feinhacken. Kurz vor dem Servieren über die gut gekühlte Suppe streuen.

Schlehe

*Prunus spinosa, Bockbeerli, Effken, Haferpflaume,
Hagedorn, Kietschkepflaume, Sauerpflaume, Schlaia,
Schlehdorn, Schwarzdorn, Spilling, Spinelle*

Sammelzeit: September–Dezember

*Der Strauch mit den dornigen Zweigen wächst an
Böschungen, an Hecken und Zäunen und an
Waldrändern; er ist auf kalkige Böden angewiesen und
wird bis 4 m hoch. Die zahlreichen kleinen, weißen
Blüten erscheinen schon im Vorfrühling, noch bevor sich
die ersten Blätter an den Zweigen zeigen. Die ovalen
Blätter haben einen scharf gesägten Rand. Die Früchte
der Schlehe, runde, bläulichschwarze Steinfrüchte mit
grünem Fleisch, deren Schalen von einer grauweißen
Reifschicht überzogen sind, reifen erst im Spätherbst
und sollten erst nach den ersten Frösten geerntet
werden. Sie sind roh nicht genießbar, weil sie einen
extrem sauren und herben Geschmack haben. Man
kann aus ihnen Mus oder Marmelade kochen, Wein
bereiten oder den ausgezeichneten Schlehengeist und
Schlehenlikör herstellen. Schlehensaft ist gesund und
regt den Appetit an.*

Pikant eingelegte Schlehen

2 kg Schlehen · ½ l Rotwein · ¼ l Essig
250 g Zuckerrübensirup · 1 Zimtstange
1 Vanilleschote · 6 Gewürznelken · 3 Eßl. Senfkörner
Schale von 1 Orange (unbehandelt)

Zubereitungszeit: etwa 50 Minuten

Die frisch gesammelten Schlehen waschen, abtropfen
lassen und jede Beere mit einer dicken Nadel einige
Male einstechen.
Den Rotwein mit dem Essig, dem Zuckerrübensirup
und allen Gewürzen sowie der dünn abgeschälten
Orangenschale aufkochen. Die Schlehen portions-
weise für jeweils 3 Minuten in die siedende Flüssig-
keit legen.
Die Früchte mit dem Schaumlöffel aus der Flüssigkeit
nehmen und in Gläser oder in einen Steintopf füllen.
Den Sud mit den Gewürzen darübergießen und die
Gläser oder den Topf gut verschließen.
Eine pikante Beilage zu Fleischgerichten, speziell
Wild, aber auch zu Süßspeisen und Eiscreme. Die
eingelegten Schlehen halten sich etwa 6 Monate.

Schlehenlikör

Die Schlehen werden am besten gepflückt, nachdem
sie den ersten Frost abbekommen haben; man kann
sie aber auch liegen lassen, bis sie runzlig geworden
sind.

250 g Schlehen · 1 Zimtstange · 3 Gewürznelken
2 Sternanis · ¾ l guter Weinbrand · Zuckerrübensirup

Zubereitungszeit: 35 Minuten
Ansetzzeit: 6–8 Wochen

Die Schlehen waschen, auf einem Tuch hin und her
schütteln, bis sie trocken sind, mitsamt den Kernen im
Mörser zerstoßen oder im Mixer zerkleinern.
Das Mus in eine braune Ansetzflasche für 1 l Flüssigkeit füllen, die Zimtstange, die Gewürznelken und
den Sternanis hinzufügen, mit dem Weinbrand auffüllen. An einem warmen Ort 6–8 Wochen ziehen lassen. Gelegentlich durchschütteln.
Danach durch ein sauberes Tuch oder einen Papierfilter gießen, je nach Geschmack mit 3 Eßlöffeln
Zuckerrübensirup oder mehr süßen.

Schlehenelexier

500 g Schlehen · 1 Flasche Rotwein (0,7 l)
1 Zimtstange · 3 Gewürznelken · 3 Sternanis
300 g Honig · ½ l Weingeist (38%) oder
Kornbranntwein

Zubereitungszeit: 1 Stunde 15 Minuten
Ansetzzeit: 3 Tage

Die Schlehen waschen, gut abtropfen lassen, auf einem Tuch hin und her schütteln und im Mörser zerstoßen. Auch einen Teil der Kerne zerstoßen, dadurch bekommt das Getränk ein feines Aroma. Das Mus in ein Steingut- oder Porzellangefäß füllen, mit dem Rotwein übergießen und die Gewürze dazugeben. Zugedeckt 3 Tage ziehen lassen.
Den Ansatz filtern, kurz aufkochen und anschließend abkühlen lassen.
Den Honig bei einer Temperatur von etwa 40 °C einrühren, damit seine Wirkstoffe erhalten bleiben. Nach dem Abkühlen die Flüssigkeit mit dem Weingeist oder Kornbranntwein vermischen. In Flaschen füllen und gut verschließen. Kühl und dunkel lagern.

Schlehensaft

Die Schlehen für diesen Saft sollten unbedingt nach dem ersten Frost gepflückt werden.

1 kg Schlehen · 1½ l Wasser
10 Kardamomkapseln · 1 Zimtstange
4 Gewürznelken · 1 kg brauner Zucker

Zubereitungszeit: 1 Stunde
Ansetzzeit: 9 Tage

Die Schlehen waschen und in ein Porzellan- oder Steingutgefäß geben. Das Wasser aufkochen und kochendheiß darübergießen.
Die im Mörser zerstoßenen Samen aus den Kardamomkapseln, die zerbrochene Zimtstange und die Gewürznelken dazugeben. Zugedeckt an einem kühlen Platz 3 Tage ziehen lassen.
Den Saft dann sieben, aufkochen lassen und wieder heiß über die Beeren und die Gewürze gießen. Weitere 3 Tage ziehen lassen und den Vorgang am 6. Tag wiederholen. Am 9. Tag den Zucker bei schwacher Hitze in dem durchgesiebten Saft auflösen, langsam

zum Kochen bringen und in 15 Minuten im offenen Topf unter Abschäumen etwas einkochen lassen. Den Saft heiß in Flaschen füllen, die man dafür auf ein feuchtes Tuch stellt. Sofort fest verschließen.

Schlehengelee mit Quitten

1 kg Schlehen · 500 g Quitten oder Holzäpfel
1 Zitrone · 1 Zimtstange · 5 Gewürznelken
6 Pimentkörner · etwa 750 g brauner Zucker

Zubereitungszeit: 50 Minuten
Kochzeit: 1 Stunde
Durchtropfzeit: 12 Stunden (über Nacht)

Die Schlehen waschen und abtropfen lassen. Falls sie vor dem ersten Frost gesammelt wurden und noch prall sind, jede Schlehe ein paarmal mit einer großen Nadel einstechen.
Die Quitten waschen und vierteln. Mit den Schlehen zusammen in einen Topf geben, den Saft der Zitrone sowie die Gewürze hinzufügen und soviel Wasser darübergießen, daß die Früchte gerade bedeckt sind. Bei mittlerer Hitze langsam zum Kochen bringen, dann die Hitze reduzieren und die Früchte etwa 1 Stunde schwach kochen lassen; die Früchte sollen musartig weich sein. Gelegentlich umrühren.
Ein sauberes Nesseltuch an den 4 Beinen eines umgedrehten Stuhls festbinden und einen breiten Topf darunterstellen. Das Mus über Nacht durchtropfen lassen, ohne zu pressen.
Am nächsten Tag die Gläser gut auswaschen, so daß sie möglichst steril sind. Den durchgelaufenen Saft wiegen und auf 1000 g Saft 750 g braunen Zucker geben, das heißt das Zuckergewicht beträgt Dreiviertel des Saftgewichts. Den Zucker bei schwacher Hitze unter Umrühren im Saft auflösen, den Saft dann bei mittlerer Hitze zum Kochen bringen. Den sich bildenden Schaum mehrmals abschöpfen.
Nach 10 Minuten Kochzeit die erste Gelierprobe entnehmen. Einen Teelöffel von dem kochenden Saft auf eine Untertasse streichen und erkalten lassen. Bildet sich ein fester Film, ist das Gelee fertig und kann in die Gläser gefüllt werden. Sofort fest verschließen.

Zum Bild rechts:
Wildfrüchte wie Schlehen ermöglichen viele verschiedene Zubereitungsarten; probieren Sie einmal Schlehengelee mit Quitten oder Pikant eingelegte Schlehen.

92

Spitzwegerich

Plantago lanceolata, Heufressa, Katzenschwanz, Ripplichrut, Roßrippe, Spießkraut, Spitzfederich, Wegetritt

Sammelzeit: Frühjahr

Die krautige Dauerpflanze zu finden, erfordert nicht allzuviel Spürsinn. Sie ist auf trockenen Wiesen, aber auch am Wegrand, auf brachliegenden Äckern und in der Heide zu Hause und findet sogar auf Schuttplätzen ihr Auskommen. Ihre langen, schmalen, lanzettförmigen Blätter haben auf der Unterseite ausgeprägte parallel verlaufende Blattadern, die nach unten zusammenlaufen. Die Blütenstände am Ende der blattlosen Stiele sind kaum länger als 1–2 cm, die Staubfäden stehen wie ein Kranz um sie herum. Zu Unrecht als lästiges Unkraut verschrien, lassen sich die Blätter des Spitzwegerich zu wohlschmeckendem Sirup verarbeiten, ergeben aber auch einen feinen Salat. Der gesundheitliche Wert ist ebenfalls beträchtlich, denn der Spitzwegerich enthält Stoffe mit antibiotischer Wirkung und außerdem jede Menge Vitamine.

Spitzwegerichsalat

100 g Spitzwegerichblätter · 100 g schwarze Oliven
3 Cornichons · 3 hartgekochte Eier · 100 g Walnüsse
1 Zwiebel · 1 Becher saure Sahne (200 g)
3 Eßl. Olivenöl · Saft von 1 Zitrone
1 Spritzer Tabascosauce · Salz · Pfeffer

Zubereitungszeit: 50 Minuten

Den Spitzwegerich verlesen, waschen und in 2–3 cm breite Streifen schneiden, die harten Stielansätze entfernen. Die kleingeschnittenen Blätter zum Entbittern ½ Stunde in eine Schüssel mit lauwarmem Wasser legen, danach gut abtropfen lassen.
Die Oliven, die Cornichons und die gepellten Eier in Scheiben schneiden. Einige Scheiben zum Garnieren beiseite stellen. Die Walnüsse grobhacken. Die Zwiebel schälen und feinhacken. Alle Zutaten in einer Schüssel mit dem abgetropften Spitzwegerich mischen.
Für die Marinade die saure Sahne mit dem Olivenöl, dem Zitronensaft und der Tabascosauce verrühren. Mit Salz und Pfeffer würzen und über den Salat geben. Gut durchmischen und mit den zurückbehaltenen Olivenscheiben, Cornichons und Eischeiben garnieren.

Apfelsalat mit Spitzwegerich und Giersch

4 Äpfel · Saft von 1 Zitrone · 1 Eßl. Honig
1 Prise Salz · 1 Prise Cayennepfeffer
1 Becher Sahne (200 g) · 2 Eßl. grobgehackte Haselnüsse · 5 junge Gierschblätter
15–20 junge Spitzwegerichblätter

Zubereitungszeit: 30 Minuten

Die Äpfel schälen, vierteln und vom Kernhaus befreien (biologisch gezogene Äpfel mit der Schale verwenden). In feine Würfel schneiden und sofort mit dem Zitronensaft beträufeln, damit sie nicht braun werden. Mit dem Honig mischen, mit Salz und Cayennepfeffer würzen. Zugedeckt durchziehen lassen.
Die Sahne mit 1 Prise Salz halbfest schlagen, mit den gehackten Haselnüssen unter die Äpfel ziehen.

Die Blätter von Giersch und Spitzwegerich gründlich waschen, harte Stengel entfernen, gut abtropfen lassen. Die Blätter in feine Streifen schneiden und unter die Apfelsahne mischen.

Spitzwegerich-Bonbons

200 g frische Spitzwegerichblätter · ½ l Wasser
500 g brauner Zucker · 20 g Butter · zerstoßene
Samen aus 7 Kardamomkapseln · ½ Teel. gemahlener
Zimt · 1 Prise gemahlene Nelken
250 g Honig · Öl zum Einfetten des Backblechs

Zubereitungszeit: etwa 1 Stunde 30 Minuten
Trockenzeit: 12 Stunden

Die Spitzwegerichblätter verlesen, gründlich waschen und feinhacken. Mit dem Wasser zum Kochen bringen und 30 Minuten kochen lassen. Auf ein Sieb schütten, die Flüssigkeit gut aus den Blättern drücken. Den gewonnenen Saft (etwa ¼ l) mit dem Zucker, der Butter und den Gewürzen unter ständigem Rühren zum Kochen bringen, bei schwacher Hitze 20 Minuten kochen lassen.
Vom Herd nehmen und abkühlen lassen, bei einer Temperatur von etwa 40 °C (handwarm) den Honig einrühren. Ein Backblech gut mit Öl einfetten. Die Masse daraufgeben und glattstreichen. Etwa 12 Stunden trocknen lassen. Die Masse in 2 cm große Würfel schneiden, jedes Bonbon einzeln in Klarsichtfolie wickeln und kühl aufbewahren.

Spitzwegerich-Fichten-Plätzchen

120 g Weizenvollkornmehl Type 1050
180 g kernige Haferflocken · ½ Teel. Zimt
5 Kardamomkapseln · 80 g Honig · 80 g Butter
6 Eßl. Spitzwegerich-Fichtensirup (Rezept rechts)
Butter zum Einfetten des Backblechs

Zubereitungszeit: 50 Minuten

Das Mehl, die Haferflocken, den Zimt und die im Mörser fein zerstoßenen Samen aus den Kardamomkapseln auf dem Backbrett vermischen.
Den Backofen auf 180 °C vorheizen.
Den Honig mit der Butter und dem Spitzwegerich-

Fichtensirup in einem Topf bei schwacher Hitze glattrühren. Zu der Mehl-Haferflocken-Mischung geben und gut miteinander verkneten.
Ein Backblech mit Pergamentpapier auslegen und mit Butter einfetten. Die Masse gleichmäßig darauf verteilen. Das Blech auf die mittlere Schiene des Backofens schieben und 30 Minuten backen.
Noch auf dem Blech Quadrate von etwa 5 cm Seitenlänge schneiden und abkühlen lassen. Dann erst das Wachspapier vorsichtig von der Unterseite ablösen.

Sirup aus Spitzwegerich und Fichtenspitzen

100 g Spitzwegerichblätter · 200 g Fichtenspitzen
1½ l Wasser · 1 kg Zucker

Zubereitungszeit: 1 Stunde 40 Minuten
Ruhezeit: 12 Stunden

Die Spitzwegerichblätter waschen und zusammen mit den Fichtenspitzen 30 Minuten in dem Wasser kochen; 12 Stunden darin ziehen lassen.
Am nächsten Tag absieben und die Flüssigkeit mit dem Zucker 1 Stunde lang zu Sirup einkochen. Heiß in dunkle Flaschen füllen und verschließen.

Mein Tip

Dieser wohlschmeckende Sirup ist ein bewährtes Mittel gegen Husten, das gut schmeckt und deshalb auch gerne von Kindern genommen wird.

Steinpilz

*Boletus edulis, Braunkopp, Dobernigel, Herrenpilz,
Pilsters, Pilzling, Pülzling, Steinkopf*

Sammelzeit: Sommer, Herbst

*Für einen Pilzsammler gibt es kaum ein größeres Glück,
als im lichten Laub- oder Nadelwald, gelegentlich auch
auf einer Weide, einen kapitalen Steinpilz zu finden.
Und wo einer wächst, sind meist zwei oder drei
benachbarte Exemplare nicht weit. Zu erkennen ist der
Steinpilz an seinem zunächst halbkugeligen, später
ausgebreiteten Hut mit der glatten, heller- oder
dunkler-braunen Huthaut, die manchmal auch ein paar
Runzeln haben kann; an den feinen, beim jungen Pilz
weißen, später gelblichen bis grünlichen Röhren; und
schließlich an dem ungewöhnlich kräftigen Stiel, der in
der Jugend dickbauchig, später keulenförmig und im
Alter bis zur Zylinderform gestreckt ist. Das weiße
Fleisch ist fest und kernig.
Gefährlich kann das Steinpilzesammeln eigentlich nicht
werden, weil es keinen giftigen Doppelgänger gibt;
allenfalls könnte ein bitterer Gallenröhrling die sonst so
köstliche Steinpilzmahlzeit verderben.*

Steinpilze italienische Art

| 8 mittelgroße Steinpilze · 4 Knoblauchzehen |
| 8 Eßl. Olivenöl · Salz · frisch gemahlener Pfeffer |
| 1 Zitrone |

Zubereitungszeit: 15 Minuten

Die Steinpilze putzen und die Stiele knapp unter den
Röhren wegschneiden (sie können für ein Mischpilzgericht verwendet oder getrocknet werden); die Hüte
waschen und gut abtrocknen.
Die Knoblauchzehen schälen.
In einer großen, schweren Pfanne das Olivenöl erhitzen und die Knoblauchzehen darin goldgelb braten.
Dann wieder aus dem Öl nehmen und die Steinpilze
darin mit der Hutoberseite nach unten 6–8 Minuten
bei starker Hitze braten. Salzen und pfeffern. Die Pilze aus dem Öl nehmen und abtropfen lassen.
Auf vorgewärmten Tellern mit Zitronenvierteln anrichten.

Steinpilze in Rahmsauce

| 1 kg Steinpilze · 1 Zwiebel · 30 g Butter · Salz |
| Pfeffer · 1 Becher Crème fraîche · 1 Bund Petersilie |

Zubereitungszeit: 45 Minuten

Die Steinpilze putzen, waschen und der Länge nach
in dünne Scheiben schneiden.
Die Zwiebel schälen und feinhacken, die Butter erhitzen und die Zwiebel darin glasig braten. Die Steinpilze zugeben und bei schwacher Hitze zugedeckt in
10–15 Minuten garen. Mit Salz und wenig Pfeffer
würzen. Die Petersilie waschen und feinhacken und
zusammen mit der Crème fraîche unterrühren.
Dazu paßt körnig gekochter Langkornreis.

Zum Bild rechts:
Steinpilze italienische Art: Edle Pilze wie den selten gewor-
denen Steinpilz sollte man so einfach wie möglich zubereiten; sie bewahren dann ihr unvergleichliches Aroma am
besten.

Steinpilze gefüllt mit Kalbshirn

2 ganze Kalbshirne · 1 Zitrone · 8 mittelgroße
Steinpilze · 3 Eßl. Olivenöl
je 2 Zweiglein Estragon, Petersilie, Dill und Thymian
2 Schalotten · 60 g Butter · Salz
weißer Pfeffer · 2 Eier

Zubereitungszeit: 1 Stunde 30 Minuten

Die Kalbshirne für mehrere Stunden in kaltes Wasser
legen. Anschließend vorsichtig die Hirnhaut abziehen. In gesalzenem Wasser, dem der Saft einer Zitrone zugesetzt wird, langsam zum Kochen bringen, die
Hitze reduzieren und weitere 5 Minuten ziehen lassen. Das Wasser wegschütten und die Hirne auf ein
Tuch zum Abtropfen legen. Anschließend in größere
Stücke zerteilen.
Die Steinpilze putzen, die Stiele herausdrehen, die
Pilzhüte etwas aushöhlen. Die Stiele und das Pilz-
innere grobhacken und beiseite stellen. In einer Pfanne das Olivenöl erhitzen und die Pilzhüte darin von
beiden Seiten 2 Minuten anbraten.
Die Kräuter feinhacken, die Schalotten schälen und
ebenfalls feinhacken. 30 g Butter erhitzen, Kräuter
und Schalotten darin braten. Die gehackten Pilze und
die Hirnstücke hinzugeben und einige Minuten mit-
rösten. Mit Salz und Pfeffer würzen. Zuletzt die ver-
schlagenen Eier hineinrühren und stocken lassen.
Den Backofen auf 220 °C vorheizen. Eine feuerfeste
Form mit Butter ausstreichen. Die Pilzhüte hineinsetzen und füllen. Die Füllung mit Butterflöckchen aus
der restlichen Butter besetzen. In den vorgeheizten
Backofen schieben und in etwa 10 Minuten überbacken.

Variante für Vegetarier: Statt Kalbshirn 1 kleine Dose
Tartex (vegetabile Paste) und 1 Eßlöffel gehackte Kapern in die Füllung geben. Nur 4 Steinpilze füllen, die
übrigen 4 oben draufsetzen wie bei Mohrenköpfen.

Steinpilzsoufflé

Wer beim Pilzesuchen ein paar Steinpilze findet, der
kann sich glücklich preisen. Große Funde, mit denen
man viele Personen satt machen könnte, sind rar. Die
Plätze, an denen die begehrte Delikatesse wächst,
werden von Kennern streng geheimgehalten. Der Ge-
legenheits-Waldläufer hat da wenig Chancen. Nun
steht er vor der schwierigen Entscheidung, die kost-
bare Beute einfach in einem Mischpilzgericht ver-
schwinden zu lassen oder die Steinpilze gesondert zu
behandeln. In einem Soufflé kommt der feine Geschmack voll zur Geltung und doch bekommt jeder
ein Stückchen ab.

150–200 g Steinpilze (1 großer oder 2–3 kleinere)
50 g Butter · 1 Eßl. Weizenvollkornmehl Type 1050
100 g Sahne · 2 Eigelbe · 3 Eiweiße · Salz
Butter zum Einfetten der Form

Zubereitungszeit: 55 Minuten

Die Steinpilze putzen, waschen, gut abtrocknen und
in Scheiben schneiden.
25 g Butter erhitzen und darin die Pilzscheiben so lange dünsten bis alle Flüssigkeit verkocht ist. Dann sehr
fein hacken oder im Mixer pürieren.
Den Backofen auf 200 °C vorheizen.
Die restlichen 25 g Butter erhitzen, das Mehl darin
anschwitzen, mit der Sahne aufgießen und eine glatte
Sauce rühren. Die Eigelbe und die Sauce mit den gehackten oder pürierten Pilzen verrühren und kräftig
mit dem Schneebesen aufschlagen. Mit Salz abschmecken.
Eine feuerfeste Form mit Butter einfetten.
Die Eiweiße mit etwas Salz schnittfest schlagen und
unter die Pilzmasse heben. Sofort in den vorgeheizten
Backofen schieben. Das Soufflé 20 Minuten backen.
Dazu paßt ein Mischpilzgericht mit Sahnesauce (aus
den weniger edlen Pilzen) oder auch gebratenes Wild
mit Preiselbeersauce.

Veilchen

Viola odorata, Marienstengel, Märzveilchen, Oeschen,
Osterveigerl, Schwalbenblume, Veigerl, Veieli, Viönli,
Wohlriechendes Veilchen

Sammelzeit: März – Mai

Als einer der ersten Frühlingsboten taucht das Veilchen
in den Wäldern, an Waldwegen und Hecken und an
buschigen Hängen auf. Die mehrjährige Pflanze breitet
sich durch lange Ausläufer aus. Die Rosette mit den
herzförmigen, leicht gekerbten Blättern kommt
unmittelbar aus dem Wurzelstock. In der Mitte bilden
sich die Triebe mit den wohlriechenden dunkelblauen
bis violetten, manchmal auch purpurfarbenen Blüten.
Wem es um diese duftenden kleinen Prachtexemplare
der Waldflora nicht leid ist, der kann alle Teile der
Pflanze ernten und verwenden. Die Blüten sind, in
Zuckerlösung kandiert, eine dekorative Zutat zu Torten
und Cremes. Veilchensirup ist ein probates Mittel bei
Husten und Heiserkeit. Veilchentee lindert
Halsschmerzen und kann auch zum Gurgeln verwendet
werden. Veilchenwurzeln wirken schleimlösend.

Kandierte Veilchen

2 Eiweiße · 50 frisch gepflückte, voll aufgeblühte
Veilchen · 50 g Puderzucker

Zubereitungszeit: Bastelarbeit für Liebhaber

Die Eiweiße steifschlagen. Die Veilchen leicht hineindrücken und am Stengel wieder herausziehen. Sollten
die Blütenblätter zusammenkleben, vorsichtig ausein-
anderziehen. Mit dem Gesicht nach unten auf einen
flachen Teller legen und den Puderzucker gleichmäßig darübersieben, bis von der Farbe der Veilchen
nichts mehr zu sehen ist. Nach 20–30 Minuten, wenn
die Farbe wieder erscheint, die Veilchen mit dem Gesicht nach oben auf ein Kuchengitter legen, nun diese
Seite mit Puderzucker besieben und trocknen lassen.
Dann den Vorgang wiederholen.

Mein Tip
Es ist wichtig, daß die Veilchen am Anfang auf einer festen Unterlage liegen, nach dem Bestäuben
mit Puderzucker von der anderen Seite aber auf einer luftdurchlässigen Unterlage, damit sie zunächst nur antrocknen und dann durchtrocknen.

Veilchensirup

50 g frische Veilchen · ¼ l Wasser
250 g Zucker

Zubereitungszeit: 30 Minuten
Ruhezeit: 12 Stunden

Die Veilchen in dem Wasser 5 Minuten kochen, über
Nacht darin ziehen lassen. Am nächsten Tag absie-
hen, ausdrücken und den Saft mit 250 g Zucker in
etwa 15 Minuten bis zur Sirupdicke einkochen. Heiß
in eine Flasche füllen und gut verschließen.

Vogelbeere

Sorbus aucuparia, Drosselbeere, Eberesche, Ebisch, Eibschen, Gimpelbeer, Haweresche, Kronawetterbeere, Moosesche, Wielesche, Wilde Vogelbeere

Sammelzeit: Spätherbst

Am Waldrand, in Lichtungen und Gebüschen trifft man auf den bis 15 m hohen Baum mit der grauen, glatten Rinde und den charakteristischen Blättern. Sie sind unpaarig gefiedert und haben bis zu 19 längliche gesägte Blättchen. Die weißen bis gelblichen Blüten erscheinen im späten Frühjahr in Doldenrispen. Die kleinen runden Früchte sind zuerst gelblich, später orange oder rot; sie schmecken ziemlich herb oder sogar bitter.
Aus Vogelbeeren, von denen man nicht zu große Mengen auf einmal essen sollte, lassen sich Marmelade, Gelee oder Saft herstellen. Sie enthalten reichlich Vitamin C und Mineralstoffe. Vogelbeerentee aus getrockneten Früchten wird als harntreibendes Mittel empfohlen; Mus aus Vogelbeeren wirkt gegen Durchfall.

Vogelbeer-Ratafia

Vogelbeeren werden am besten gepflückt, nachdem sie den ersten Frost abbekommen haben, oder man läßt sie liegen, bis sie runzlig geworden sind.

750 g Vogelbeeren · 0,6 l Weinbrand · 1 Vanilleschote
5 Pimentkörner · 2–3 Eßl. Zuckerrübensirup

Zubereitungszeit: 30 Minuten
Ansetzzeit: 6–8 Wochen

Die Vogelbeeren waschen, von den Stielen streifen und auf einem Tuch schütteln, bis sie völlig trocken sind. Zusammen mit den Gewürzen in den Weinbrand geben und 6–8 Wochen an einem sonnigen Platz ziehen lassen, bis die Beeren entfärbt sind. Danach die Flüssigkeit filtern und in die Flasche zurückfüllen. Nach Geschmack mit Zuckerrübensirup süßen.

Vogelbeerkonfekt

500 g Vogelbeeren · 750 g brauner Zucker
Saft von 1 Zitrone · 2 Eßl. Wodka

Zubereitungszeit: 2 Stunden
Trockenzeit im Backofen: 2 Stunden
Trockenzeit: 2–3 Tage

Die Vogelbeeren waschen, mit wenig Wasser (gerade so viel, daß sie nicht anbrennen) in etwa 45 Minuten weichkochen. Durch ein feines Sieb streichen.
Das durchpassierte Mus mit dem Zucker vermischen, den Zitronensaft dazugeben und unter ständigem Rühren bei schwacher Hitze dick einkochen. Vom Herd nehmen und den Wodka zugeben.
Den Backofen auf 40 °C vorheizen.
Ein Backblech mit Backpapier auslegen. Das Mus 3 mm dick daraufstreichen und im offenen Backofen 2 Stunden mehr trocknen als backen lassen. Mit einem scharfen Messer in kleine Rauten oder Quadrate schneiden. Noch 2–3 Tage auf dem Backblech trocknen lassen, dann vorsichtig vom Backpapier lösen.
Zum Aufbewahren luftdicht verpacken.

Zum Bild rechts:
Es sieht nicht nur schön aus, es schmeckt auch gut, das Vogelbeerkonfekt. Und was man aus den Früchten der Eberesche sonst noch macht? Zum Beispiel Vogelbeer-Ratafia.

Vogelmiere

Stellaria media, Alsine, Feldsternmiere, Hühnerbiß, Hühnerdarm, Mausdarm

Sammelzeit: Das ganze Jahr

Kaum ein Platz am Wegrand, zwischen Steinen, auf Schuttplätzen, wo Vogelmiere nicht zu finden ist. Sie gedeiht als Unkraut im Garten und auf dem Feld und fühlt sich auch auf Waldböden wohl. Die kleine, unauffällige Pflanze erhebt sich nur wenig über den Boden, hat eiförmige Blätter, die unten an kurzen Stielen sitzen und weiter oben ungestielt sind, und bringt zahlreiche kleine Blüten mit sternförmig angeordneten Blütenblättern hervor.
Am besten schmeckt Vogelmiere frisch geerntet im Frühjahr, aber zu finden und zu sammeln ist sie auch im Sommer und Herbst und sogar an schneefreien Wintertagen.
Feingehackt ist sie ein köstliches Salatkraut, schmeckt aber auch in Kräuterbrötchen oder Kräuterquark und gibt Fleischgerichten eine frische Würze. Abgesehen davon ist sie auch noch ein freigebiger Vitaminspender.

Vogelmierebrötchen

Etwas Besonderes für den sommerlichen Imbiß: Selbstgebackene Brötchen mit einer ungewöhnlichen grünen Zutat, die alles andere als Unkraut ist und ihren Platz in der Wildgemüse-Küche gewiß verdient.

150 g Vogelmierentriebe · 400 g Weizenvollkornmehl Type 1050 · 100 g Weizenkleie
1 Päckchen Backpulver · Salz · frisch gemahlener schwarzer Pfeffer · 2 Becher Joghurt (à 175 g)
1 Ei · 100 g Butter · 1 Eigelb

Zubereitungszeit: 45 Minuten

Die Vogelmiere gründlich waschen, gut abtropfen lassen und feinhacken.
Den Backofen auf 250° vorheizen.
Das Mehl, die Weizenkleie, das Backpulver, Salz und Pfeffer in eine Schüssel geben und vermischen.
Den Joghurt mit dem Ei verrühren, zu den übrigen Zutaten in die Schüssel gießen. Zum Schluß die warme Butter untermischen und das Ganze zu einem Teig verkneten. Die gehackte Vogelmiere in den Teig einarbeiten.
Den Teig auf der mit etwas Mehl bestreuten Tischplatte 2 cm dick ausrollen und mit einer Tasse oder einem weiten Glas runde Plätzchen ausstechen. Ein Backblech mit Mehl bestäuben, die Plätzchen daraufsetzen. Das Eigelb mit 2 Eßlöffeln Wasser verrühren und die Brötchen damit bestreichen. Das Blech auf die mittlere Schiene des vorgeheizten Backofens schieben und 15–20 Minuten backen.
Vogelmierebrötchen schmecken besonders gut mit Butter, Quark oder saurer Sahne. Man ißt sie mit Gurken, Radieschen und hartgekochten Eiern.

Zum Bild rechts:
Sie wächst zwar überall, ist aber ganz bestimmt kein Unkraut, die Vogelmiere, die man im Garten, zwischen Steinen, am Wegrand findet. Man verwendet sie als Würzkraut oder backt daraus knusprige Vogelmierebrötchen.

Vogelmieresuppe mit Erbsen

Vogelmiere paßt mit ihrem etwas erdigen Geschmack vorzüglich zu den zarten Zuckererbsen und ist zugleich ein im Frühjahr besonders willkommener Vitaminspender.

---

300 g frische Zuckererbsen (in Schoten)
¾ l Gemüsebrühe (z. B. von Spargel,
Blumenkohl oder Möhren) · 30 g Vogelmierentriebe
(2 Handvoll) · 3 Eßl. Sahne · 30 g Butter
Salz · geriebene Muskatnuß

Zubereitungszeit: 30 Minuten

Die Zuckererbsen auspalen.
Die Gemüsebrühe zum Kochen bringen. Die Erbsen hineingeben und 10 Minuten kochen lassen.
Die Vogelmierentriebe waschen und gut abtropfen lassen, anschließend sehr fein hacken (sie können aber auch zusammen mit der Suppe im Mixer püriert werden).
Die Suppe kurz abkühlen lassen, im Mixer pürieren, erneut aufkochen und die Vogelmiere zugeben (falls sie nicht mitpüriert wurde).
Auf kleiner Flamme die leicht kochende Suppe 5 Minuten mit dem Schneebesen aufschlagen. Sie soll schön schaumig werden. Die Suppe von der Herdplatte nehmen, die Sahne einrühren und die eiskalte Butter stückchenweise zugeben, mit Salz und geriebener Muskatnuß abschmecken. Sobald die Butter geschmolzen ist, die Suppe servieren.
Dazu schmecken Grahambrötchen oder getoastetes Vollkornbrot.

Variante: Man kann diese Suppe auch mit jungen, sehr fein gehackten Brennesselblättern versuchen, wenn keine Vogelmiere zur Hand ist. Außerdem passen auch Gartenkräuter wie Kerbel, Borretsch oder Petersilie dazu.

Rote-Bete-Salat mit Vogelmiere

Vogelmiere kann man schon unmittelbar nach der Schneeschmelze finden. Bis in den Spätherbst hinein sprießt und blüht sie unermüdlich. Vogelhalter wissen genau, wie gut diese zarten Triebe ihren Lieblingen bekommen. Aber auch für uns sind sie eine würzige, vitaminspendende Ergänzung und lassen sich gut mit roten Beten kombinieren, besonders in der Jahreszeit, die arm an frischem Grün ist.

---

750 g rote Bete · 100 g frische Egerlinge
6 Eßl. Sonnenblumenöl · 3 Eßl. Rotweinessig
2 Eßl. Hefeflocken · ½ Teel. Salz
frisch gemahlener Pfeffer · 1 Teel. Anis
1 hartgekochtes Ei · 40 g Vogelmierentriebe

Zubereitungszeit: 1 Stunde 30 Minuten
Marinierzeit: 1–2 Stunden

Die roten Beten unter fließendem kaltem Wasser abbürsten, mit reichlich Wasser bedeckt in etwa 60 Minuten garkochen. Besonders große Beten halbieren. Das Kochwasser abgießen und die Beten abkühlen lassen. Mit einem Messer die Häute abziehen, die Stiele und Wurzelansätze stumpf abschneiden. Die Beten erst in Scheiben und dann in 3 cm lange Streifen schneiden.
Die Pilze unter fließendem Wasser waschen, abtropfen lassen, feinblättrig schneiden und mit den roten Beten vermengen.
Aus dem Sonnenblumenöl, dem Rotweinessig, den Hefeflocken, Salz, Pfeffer und dem Anis eine Marinade rühren und über die Gemüse gießen. Im Kühlschrank 1–2 Stunden durchziehen lassen.
Das Ei pellen und feinhacken.
Die Vogelmiere waschen und abtropfen lassen, grob zerzupfen und mit dem Ei vermischt kurz vor dem Servieren über den Salat geben. Der Salat soll kühl, aber nicht eiskalt serviert werden.

Wacholder

*Juniperus communis, Feuerbaum, Gemeiner
Wacholder, Jachelbeere, Krammetsbeerenstrauch,
Kranawitten, Kranewitt, Machandel, Reckholder,
Weckhalter, Weihrauchbaum*

Sammelzeit: Herbst

*An trockenen Berghängen, in Heidelandschaften und
auf moorigem Boden ist der Wacholder zu Hause, der
als säulenartig geformter Strauch oder als kleiner
Baum mit anliegenden Zweigen vorkommt. Die spitzen,
nadelförmigen Blätter sind bis 2 cm lang und haben auf
der Oberseite eine helle Linie. Aus den unscheinbaren
grünen Blüten entwickeln sich die Früchte in Form von
erbsengroßen, bläulichschwarzen Beeren.
Man verwendet getrocknete Wacholderbeeren vor allem
als Gewürz für manche Fleischgerichte; sie sind auch ein
unentbehrliches Ingredienz des Sauerkrauts. Außerdem
haben die Beeren, die ätherisches Öl enthalten, heilende
Wirkung; so kann man etwa bei rheumatischen
Erkrankungen eine Wacholderbeerenkur
machen. Aus den Beeren wird schließlich auch Saft
bereitet; und last not least
geben sie dem Wacholderschnaps sein Aroma.*

Wacholdersauce

1 große Möhre · ½ Sellerieknolle · ¼ Weißkohl
1 Stange Porree/Lauch · 2 kleine Zwiebeln
*1 Bund Petersilie · 40 g Butter · 4 Eßl. Weizenvollkorn-
mehl Type 1050 · 1½ l Wasser · 25 g Wacholderbeeren*
Salz · 50 g Sahne · 1 Eßl. Zitronensaft

Zubereitungszeit: 1 Stunde 30 Minuten

Die Gemüse putzen und waschen, in kleine Würfel
schneiden, die Petersilie feinhacken.
In einem mittelgroßen Topf die Butter erhitzen und
die Gemüse darin anbraten. Mit dem Mehl verrühren
und nach und nach das Wasser zugießen. Bei schwacher Hitze zugedeckt 1 Stunde kochen lassen.
Die Wacholderbeeren mit einer Teigrolle zerdrücken,
zu dem Gemüse geben.
Den Topf vom Herd nehmen und zugedeckt 15 Minuten ziehen lassen. Das Ganze durch ein feines Sieb
passieren, salzen und kurz aufkochen lassen. Mit Sahne und Zitronensaft verfeinern. Die Sauce paßt zu
Wildgerichten, zum Beispiel Wildschweinrücken,
aber auch zu Gemüsen wie gedämpftem Weißkohl.
Übrigens sollten Sie Wacholderbeeren nie mitkochen,
da sonst die Sauce bitter wird.

Wacholderessig

1 kg Wacholderbeeren · 1 l Weinessig
350 g brauner Zucker

Zubereitungszeit: 30 Minuten
Ansetzzeit: 8 Tage

Die Wacholderbeeren mit einer Teigrolle zerdrücken.
In ein Steingut- oder Porzellangefäß geben, den Essig
darübergießen und zugedeckt 8 Tage kühl stellen. Gelegentlich umrühren.
Die Beeren abseihen. Den Zucker im Essig auflösen,
den Sud zum Kochen bringen und 10 Minuten im offenen Topf kochen lassen. Abschäumen und in Flaschen füllen, die noch vom Reinigen mit kochendem
Wasser heiß sein sollten. Die Flaschen dabei auf ein
feuchtes Tuch stellen, damit sie nicht springen. Sofort
fest verschließen.
Bei einer Kur zum Entschlacken trinkt man über
7 Tage ansteigend 1–7 Teelöffel, dann über 7 Tage
absteigend 7–1 Teelöffel in einem Glas Wasser.

Waldmeister

Galium odoratum, Gliedkraut, Herzfreund, Leberkraut, Maichrut, Maikraut, Mösch, Teekraut, Waldtee, Wohlriechender Waldmeister

Sammelzeit: Mai, Juni

Zum Waldmeistersammeln muß man in lichte Laub- oder Mischwälder gehen; mit besonderer Vorliebe hält sich die mehrjährige Pflanze im Buchenwald auf. Sie wird bis 30 cm hoch und entwickelt unterirdische Ausläufer. An den dünnen Stengeln sitzen wie grüne Quirle die lanzettförmigen Blätter. Die kleinen weißen Blüten stehen in endständigen Trugdolden. Der Gebrauch von Waldmeister in der Küche ist praktisch auf ein einziges Getränk begrenzt, die Maibowle. Wegen des starken Dufts des welkenden Krauts, der von dem darin enthaltenen Cumarin herrührt, setzt man die aromatische Pflanze, die vor der Blüte geerntet wird, dem aus Wein und Sekt zubereiteten erfrischenden Frühlingsgetränk zu. Außerdem dient sie als Aromaträger in verschiedenen Spirituosen.

Waldmeisterbowle

Für die Maibowle braucht man Waldmeister, der noch nicht blüht. Man sammelt ihn beim Spaziergang im Wald und bindet ihn zu einem Sträußchen zusammen, das ruhig ein bißchen angewelkt sein darf, bis man damit nach Hause kommt; dann ist Waldmeister nämlich besonders aromatisch.

1 Sträußchen Waldmeister · 50 g Zucker
1½ l trockener Weißwein · 1 Flasche Sekt

Zubereitungszeit: 1 Stunde 10 Minuten

Das Waldmeistersträußchen unter fließendem Wasser waschen und gut abtropfen lassen.
Den Zucker in ¼ l Wein, der Zimmertemperatur haben sollte, auflösen, das Sträußchen so in den Wein hängen, daß die Schnittstellen nicht bedeckt sind. Etwa 1 Stunde ziehen lassen. Den übrigen Wein und den Sekt gut kühlen. Das Sträußchen aus dem Ansatz nehmen und mit kaltem Wein und Sekt auffüllen. Kein Eis in die Bowle geben.

Variante: Noch aromatischer und weniger »geistreich« wird die Maibowle, wenn man ½ l Wein durch die gleiche Menge Apfelsaft ersetzt. Man kann ihr auch zusätzliches Aroma geben, indem man hauchdünn geschnittene Orangenschale (von einer ungespritzten Frucht) mit in den Ansatz legt und zusammen mit dem Waldmeistersträußchen entfernt.

Zum Bild rechts:
An schönen warmen Maiabenden im Garten oder auf der Terrasse schmeckt Waldmeisterbowle mit den am Vortag gesammelten und schon leicht angewelkten Kräutern am besten.

Wiesenkerbel

Anthriscus silvestris, Biberling, Biberstengel, Bogga, Buggele, Buschmöhre, Hasakraut, Kälberschere, Körfel, Kuhpetersilie, Roßkümmel, Scharnpiepen, Stangert, Wilder Kerbel, Wolfswurzel

Sammelzeit: Frühjahr

Kaum sind die Löwenzahnblüten von den Wiesen verschwunden, erscheint dort, ebenso wie am Waldrand und im Gebüsch, der Wiesenkerbel. Die Pflanze wird bis 1,5 m hoch, ihre Blätter sind mehrfach gefiedert, die Stengel hohl, an der Basis behaart, weiter oben glatt. Die weißen Blüten in zusammengesetzten Dolden strömen einen süßen Duft aus.
Die Blätter sind als würziges Kraut zu verwenden; allerdings nur, wenn man die Pflanze gut kennt. Andernfalls könnte man sie nämlich mit der giftigen Hundspetersilie oder dem Gefleckten Schierling verwechseln. Beide blühen allerdings später im Jahr. Man bereitet aus den gehackten Blättern, die vor der Blüte geerntet werden sollten (in der Blütezeit sind sie bitter) eine Kerbelsuppe oder würzt mit ihnen Salate, Gemüse und Eiergerichte. Sie sind reich an Vitamin C.

Wiesenkerbelsuppe

Kerbelsuppe ist wohl die bekannteste Kräutersuppe überhaupt. Meist wird dazu Gartenkerbel verwendet, der wegen seines schnellen Wachstums schon im zeitigen Frühjahr geschnitten werden kann. Kerbelsuppe ist deshalb in vielen Gegenden das traditionelle Gründonnerstagsessen, das erste Grün nach dem langen Winter.
Wiesenkerbel hat aber das gleiche typische Kerbelaroma und eignet sich zur Kerbelsuppe ebenso gut. Wie viele Wildpflanzen ist er ein wenig herber als die gezüchtete Form. Er erscheint etwas später und kann bis zum Beginn der Blüte gesammelt werden.

100 g Wiesenkerbelblätter · 1 mittelgroße Zwiebel
30 g Butter · 2 Eßl. Mehl · ¾ l Geflügelbrühe
1 Prise Salz · 1 Prise weißer Pfeffer
geriebene Muskatnuß · 1 Becher Sahne (200 g)
2 Eigelbe · 2 Scheiben Mischbrot
etwas Butter zum Anrösten

Zubereitungszeit: 30 Minuten

Den Wiesenkerbel waschen und abtropfen lassen. Die gefiederten Blätter von den dicken Stengeln abzupfen.
Die Zwiebel schälen und feinhacken.
In einem Topf die Butter zerlaufen lassen und die Zwiebel darin glasig braten. Mit dem Mehl bestäuben, gut verrühren und mit etwas Geflügelbrühe glattrühren. Nach und nach die restliche Geflügelbrühe zugießen, mit Salz, weißem Pfeffer und Muskat würzen und zum Kochen bringen. Bei mittlerer Hitze etwa 10 Minuten kochen lassen.
Inzwischen den Wiesenkerbel sehr fein hacken.
Die Sahne und die Eigelbe mit dem Schneebesen verquirlen und die Hälfte davon unter ständigem Rühren in die kochendheiße Geflügelbrühe gießen. Die Hitze reduzieren, den Rest der Eigelb-Sahne-Mischung und den feingehackten Wiesenkerbel hinzufügen. Bei schwacher Hitze die Suppe cremig rühren.
Die Brotscheiben in Würfel schneiden, in Butter knusprig rösten und kurz vor dem Servieren über die Suppe streuen.

Zum Bild rechts:
Wiesenkerbelsuppe mit knusprigen Brotwürfeln ist mit »wilden« Kräutern genauso gut wie mit Kerbel aus dem Garten.

Wilde Möhre

Daucus carota, Gelbe Rübe, Karotte, Mohrrübe, Vogelnestchen

Sammelzeit: Frühjahr und Herbst

Auf Frühlingswiesen, am Wegrand, auf Weiden und an Böschungen braucht man die Wilde Möhre nicht lange zu suchen, sondern kann sie einfach ernten. Sie ist unübersehbar und leicht zu erkennen mit ihren weißen Dolden, die nach der Blüte zu vogelnestähnlichen Gebilden werden. Die Blätter, der weniger auffallende Teil der Pflanze, die bis zu 1 m hoch wird, sind zwei- bis dreifach gefiedert.
Hüten muß man sich vor einer Verwechslung mit den weißblühenden Doldenblütlern, die giftig sind, nämlich Hundspetersilie und Gefleckter Schierling.
Man kann die Wurzeln ebenso wie andere Wurzelgemüse zubereiten; sie schmecken etwas weniger süß als ihre kultivierten Verwandten, die Gartenmöhren. Da sie Vitamine und Mineralstoffe enthalten, sind die Wilden Möhren der Gesundheit besonders förderlich.

Möhrenkuchen von Wilden Möhren

200 g Butter · 100 g Honig · 1 Ei · Saft und abgeriebene Schale von 1 Zitrone (unbehandelt)
½ Teel. Zimt · 2 Teel. Backpulver
150 g Weizenvollkornmehl Type 1050
250 g Wilde Möhren · Butter zum Einfetten der Form

Zubereitungszeit: 1 Stunde 45 Minuten

Den Backofen auf 180 °C vorheizen.
Die Butter bei schwacher Hitze schmelzen und abkühlen lassen. Den Honig mit dem Ei, dem Zitronensaft und der abgeriebenen Zitronenschale und dem Zimt gut verrühren. Das mit dem Backpulver gemischte Mehl und anschließend die geschmolzene Butter unterrühren.
Die Wilden Möhren waschen, schaben und feinreiben. Unter den Teig mengen.
Den Boden einer Springform von 26 cm Durchmesser mit Backtrennpapier auslegen. Den Rand mit Butter einfetten. Den Teig in die Form füllen und glattstreichen. Auf die mittlere Schiene des vorgeheizten Backofens schieben und 60–65 Minuten backen. Die Stäbchenprobe machen.
Den Kuchen auf einem Kuchengitter 10 Minuten abkühlen lassen. Den Rand vorsichtig mit einem scharfen Messer lösen. Dann aus der Form stürzen und das Backtrennpapier abziehen. Den Möhrenkuchen vor dem Anschneiden zugedeckt 1–2 Tage kühl stellen. Mit steifgeschlagener Sahne servieren.

Zum Bild rechts:
Die Wurzeln der Wilden Möhre sind bestimmt ein Novum in Ihrer Küche. Bereiten Sie daraus Möhrenkuchen von Wilden Möhren oder Halva von Wilden Möhren.

Brätlinge von Wilden Möhren

Wilde Möhren sind wunderbar würzig, aber ein bißchen zähfaserig. Feingerieben und mit Haferflocken vermischt, entstehen aus ihnen leckere Brätlinge, vegetarische Frikadellen.

250 g Wilde Möhren · 1 mittelgroße Zwiebel
einige Stengel vom Grün der Wilden Möhre
150 Vollkornhaferflocken · 2 Eßl. Buchweizenmehl
2 Eier · ¼ l Wasser · ½ Teel. Selleriesalz
1 Prise Pfeffer · 3 Eßl. Sonnenblumenöl

Zubereitungszeit: 40 Minuten

Die Wilden Möhren waschen, schaben, mit Salzwasser bedeckt in etwa 15 Minuten fast weichkochen. Unterdessen die Zwiebel schälen und feinhacken. Das Grün der Wilden Möhre waschen und feinschneiden.
Die Haferflocken mit der gehackten Zwiebel, dem feingeschnittenen Möhrengrün, dem Buchweizenmehl, den Eiern und dem Wasser vermischen, mit dem Selleriesalz und Pfeffer würzen. 10 Minuten durchziehen lassen.
Die fast gar gekochten Wilden Möhren feinraspeln und unter die Haferflockenmischung rühren. Davon mit nassen Händen fast handtellergroße, 1 cm dicke Brätlinge formen. Das Sonnenblumenöl in einer Pfanne erhitzen, die Brätlinge darin von beiden Seiten goldbraun braten.
Dazu paßt ein Salat oder Gemüse wie Spinat, Wirsing, gedämpftes Weißkraut oder Blumenkohl.

Halva von Wilden Möhren

500 g Wilde Möhren · ½ l Milch
10 Kardamomsamen · 150 g Honig · 1 Zimtstange
250 g Sesam · 2 Teel. Salz · 125 g Butter
50 g Pistazien · 100 g Haselnußkerne
Butter zum Anrösten

Zubereitungszeit: 1 Stunde 30 Minuten

Die Wilden Möhren waschen, schaben und feinreiben. Mit der Milch in einen Topf geben.
Die Kardamomsamen im Mörser zerstoßen, zu den Wilden Möhren geben, ebenso den Honig und die Zimtstange. Das Ganze zum Kochen bringen. Die Hitze reduzieren und unter ständigem Rühren 10–15 Minuten kochen lassen, bis die Masse dick geworden ist. Vom Herd nehmen, die Zimtstange herausnehmen, beiseite stellen.
Den Sesam in einer trockenen Pfanne unter Umwenden goldgelb rösten. Mit 2 Teelöffeln Salz im Mörser zerreiben.
Den Topf mit den Wilden Möhren und der Milch wieder bei schwacher Hitze auf den Herd stellen, die Butter und den Sesam dazurühren und etwa 25 Minuten unter häufigem Umrühren weiterkochen lassen. Vom Herd nehmen und die Pistazien daruntermischen.
Eine Kastenform für 1 l Inhalt mit Backpapier auslegen, auf allen Seiten 5 cm überstehen lassen. Die Masse hineingeben und bei Zimmertemperatur abkühlen lassen.
Die Haselnüsse feinblättrig schneiden und in etwas Butter anrösten, die Halva damit bestreuen. Die überstehenden Ränder des Backpapiers darüberfalten und vor dem Anschneiden 2 Tage in den Kühlschrank stellen.

Mein Tip
Einzelne, feingeriebene Wilde Möhren eignen sich sehr gut als Würze für Suppen und Saucen.

Salate –
die kleinen Grünen
für zwischendurch

Eiersalat mit Kerbel und Sauerampfer

4 hartgekochte Eier · 3 Eßl. Mayonnaise
2 Eßl. Joghurt · 1 Eßl. Zitronensaft
1 Teel. scharfer Senf · 3 Blätter Wiesenkerbel
1 Handvoll Sauerampfer

Zubereitungszeit: 15 Minuten

Die Eier pellen und feinhacken.
Aus der Mayonnaise, dem Joghurt, dem Zitronensaft und dem Senf eine Marinade rühren.
Den Wiesenkerbel und den Sauerampfer waschen, abtropfen lassen und feinhacken (die harten Stiele entfernen). Zusammen mit der Marinade unter die Eier mischen.

Brennessel-Sauerampfer-Salat mit Sesam

3 Eßl. Sesamsamen · 1 Tomate · 2 hartgekochte Eier
2 Eßl. Kräuteressig · 3 Eßl. Sonnenblumenöl
2 Eßl. Hefeflocken · Knoblauchsalz · 250 g ganz
junge Brennesseln · 1 Handvoll Sauerampfer

Zubereitungszeit: 30 Minuten

Die Sesamsamen in einer trockenen Pfanne unter Umwenden goldgelb rösten. Die Tomate an der stengellosen Seite kreuzweise einschneiden, kurz in kochendheißes Wasser legen, abziehen und würfeln.

Die Eier pellen und grobhacken.
Aus dem Kräuteressig und dem Sonnenblumenöl eine Marinade rühren, mit den Hefeflocken und dem Knoblauchsalz würzen. Die Brennesseln in reichlich kaltem Wasser gründlich waschen (am besten Gummihandschuhe anziehen; junge Brennesseln bis zu einer Höhe von etwa 15 cm brennen allerdings nur schwach). Damit die Blättchen für den Salat knackig bleiben, werden sie nicht blanchiert, sondern leicht unter Wasser zwischen den Handflächen gerieben. Dabei brechen die feinen Brennhärchen mit dem beißenden Nesselwirkstoff ab und können den Genuß nicht beeinträchtigen.
Den Sauerampfer ebenfalls waschen und abtropfen lassen. Die entstielten Blätter von Brennesseln und Sauerampfer grobhacken. Mit den Tomatenwürfeln und den Eiern unter die Marinade mischen. Vor dem Servieren mit dem Sesam bestreuen.

Sauerampfersalat mit Möhren

100 g frische Sauerampferblätter · 250 g Möhren
2 hartgekochte Eier · 4 Eßl. Sonnenblumenöl
1 Zitrone · 2 Eßl. Honig · 1 Becher Sahne (200 g)
½ Teel. Salz · weißer Pfeffer · ½ Teel. Senfmehl

Zubereitungszeit: 30 Minuten

Die Sauerampferblätter waschen und abtropfen lassen, die dicken Stengel entfernen. Die Möhren waschen, schaben und auf der Reibe grobraspeln. Die hartgekochten Eier pellen und feinhacken.
Den Sauerampfer kleinschneiden, mit den geraspelten Möhren und den Eiern vermischen. Aus dem Sonnenblumenöl, dem Saft der Zitrone, dem Honig, der Sahne, Salz und Pfeffer sowie dem Senfmehl eine Marinade bereiten und über den Salat gießen.

Frühlingssalat mit Honig

1 Kopfsalat · 50 g junge Löwenzahnblätter
50 g Beinwellblätter · 1 Handvoll Birkenknospen
1 Bund Radieschen · ½ Teel. Meersalz · 1 Teel. Senf
frisch gemahlener schwarzer Pfeffer · 2 Eßl. Honig
3 Eßl. Apfelessig · 5 Eßl. Sonnenblumenöl

Zubereitungszeit: 30 Minuten

Den Kopfsalat waschen und abtropfen lassen und in mundgerechte Stücke zerteilen, den Löwenzahn und den Beinwell ebenfalls waschen und in feine Streifen schneiden. Alle Gemüse gut abtropfen lassen. Mit den Birkenknospen in eine Salatschüssel geben. Die Radieschen waschen, in Scheibchen schneiden und zu den Gemüsen geben.

Das Salz mit dem Senf, dem gemahlenen Pfeffer, dem Honig und dem Essig verrühren. Das Öl nach und nach hinzufügen und dabei ständig weiterrühren, so daß die Zutaten sich gut verbinden. Die Marinade unter den Salat mischen und sofort servieren.

Brunnenkressesalat mit Käse

100 g Brunnenkresse · 200 g Doppelrahmfrischkäse
50 g Walnußkerne · 1 Teel. Senf
frisch gemahlener schwarzer Pfeffer
½ Teel. Meersalz · 1 Prise Paprikapulver
1 Teel. brauner Zucker · 6 Eßl. Olivenöl
oder Sonnenblumenöl · 3 Eßl. Estragonessig
2 Eßl. Tomatensaft

Zubereitungszeit: 30 Minuten

Die Brunnenkresse in heißem Wasser gründlich waschen und abtropfen lassen. Die hohlen Stengel entfernen. Die Blättchen auf 4 Salatteller verteilen.
Aus dem Doppelrahmfrischkäse 16–20 Bällchen formen und auf der Brunnenkresse anordnen.
Die Walnüsse grobhacken und darüberstreuen.
Aus den übrigen Zutaten eine Marinade bereiten und darübergießen.

Brunnenkresse-Kartoffel-Salat

1 kg Salatkartoffeln · ¼ l heiße Fleischbrühe
1 Salatgurke · 30 g Brunnenkresse (2–3 Handvoll)
3 Frühlingszwiebeln · 2 Becher Joghurt
5 Eßl. Mayonnaise · 1 Eßl. mittelscharfer Senf
4 Eßl. Weinessig · ½ Teel. Salz
frisch gemahlener Pfeffer

Zubereitungszeit: 40 Minuten
Kochzeit: 25–30 Minuten
Durchziehzeit: 1 Stunde

Die Kartoffeln in 25–30 Minuten schnittfest kochen. Schälen, in dünne Scheiben schneiden und mit heißer Fleischbrühe übergießen. Beiseite stellen und ziehen lassen.
Die Salatgurke schälen (biologisch gezogene Gurken brauchen nicht geschält, sondern nur gewaschen zu werden), der Länge nach vierteln und in ½ cm dicke Stücke schneiden.
Die Brunnenkresse in heißem Wasser gründlich waschen, abtropfen lassen, die gefiederten Blätter von den Hauptstengeln zupfen und feinhacken.
Die Frühlingszwiebeln schälen und feinhacken (das Zwiebellauch mitverwenden).
Aus dem Joghurt, der Mayonnaise, dem Senf und dem Weinessig eine Marinade rühren, mit Salz und Pfeffer abschmecken. Die Gurke, die Brunnenkresse und die Frühlingszwiebeln mit den Kartoffeln in eine Salatschüssel geben, die Marinade darübergießen, alles gut vermischen und noch einmal mit Salz und Pfeffer abschmecken.
Den Kartoffelsalat mindestens 1 Stunde bei Zimmertemperatur durchziehen lassen.

Wildkräutersalat mit Mandeldressing und Ananas

100 g sehr junge Brennesseln · 1 Handvoll
Spitzwegerich · 1 Handvoll Sauerampfer
1 Handvoll Löwenzahnblätter · 2 Scheiben frische
Ananas · 100 g Mandeln · 5 Eßl. Wasser
5 Eßl. Honig · 2 Eßl. Apfelessig · Kräutersalz

Zubereitungszeit: 45 Minuten

Die Brennesseln waschen (am besten Gummihandschuhe dabei anziehen), die Blätter von den Stielen streifen und zwischen den Handflächen reiben, damit sie nicht mehr brennen. Die anderen Kräuter ebenfalls waschen, abtropfen lassen und in feine Streifen schneiden. Die Ananasscheiben schälen und feinwürfeln, zusammen mit den Wildkräutern in eine Salatschüssel geben.
Die Mandeln in der Nußmühle feinreiben und mit soviel Wasser verrühren, daß eine dicke Paste entsteht. Diese mit dem Honig, dem Apfelessig und dem Salz verrühren. Über den Salat geben und gut durchmischen.

Suppen – Gesundheit im Teller

Frühlingskräutersuppe

100 g Sauerampferblätter · 100 g frische
Brennesselblätter · 1 Zwiebel · 50 g Butter
1 Eßl. Weizenvollkornmehl Type 1050 · 1 Becher
Sahne (200 g) · ¾ l Fleisch- oder Gemüsebrühe
Salz · geriebene Muskatnuß

Zubereitungszeit: 15 Minuten

Die Sauerampfer- und die Brennesselblätter waschen
und abtropfen lassen.
Die Zwiebel schälen, feinhacken. Die Butter erhitzen,
die Zwiebel darin glasig braten. Das Mehl darüber-
stäuben, umrühren und leicht anbräunen lassen. Unter Rühren die Sahne zugießen. Mit der Brühe auffüllen und die Suppe einige Minuten kochen lassen.
Die abgetropften Sauerampfer- und Brennesselblätter
in feine Streifen schneiden, in die Suppe geben und
kurz mitkochen lassen. Der Sauerampfer soll seine
Farbe von Grasgrün nach Olivgrün verändern. Mit
Salz und Muskat abschmecken und heiß servieren.
Dazu schmecken geröstete Brotwürfel.

Französische Kressesuppe

100 g Brunnenkresse · 300 g Kartoffeln (mehlig-
kochend) · 25 g Butter · ½ l Fleisch- oder Gemüsebrühe
½ l Milch · Salz · 3 Eßl. Crème fraîche

Zubereitungszeit: 45 Minuten

Die Brunnenkresse gründlich in heißem Wasser waschen, kalt abspülen und abtropfen lassen. Die hohlen Hauptstengel entfernen, die Blätter grob zerschneiden, 2 Eßlöffel voll beiseite legen.
Die Kartoffeln schälen, waschen und in dünne Scheiben schneiden.
Die Butter in einem Topf erhitzen, die Kresse darin
unter Umwenden dünsten, bis sie weich ist. Die Kartoffelscheiben hinzufügen, mit der Fleisch- oder Gemüsebrühe aufgießen und zugedeckt 20 Minuten bei
mittlerer Hitze kochen. Danach die Suppe durch ein
feines Sieb streichen.
Die Milch aufkochen lassen, die passierte Suppe hineinrühren und kurz aufkochen lassen. Vom Herd nehmen, nach Geschmack salzen, mit der Crème fraîche
verfeinern und vor dem Auftragen mit der beiseite gelegten rohen Kresse bestreuen.

Haferflockensuppe mit Wildkräutern

1 kleine Stange Porree/Lauch · 2 Möhren
40 g Butter oder Pflanzenmargarine
4 Eßl. kernige Haferflocken
1 Eßl. Weizenvollkornmehl Type 1050
1 l Gemüsebrühe · je 2–3 Stengel Pastinakgrün,
Brennesseln, Sauerampfer, Wiesenkerbel und
Grün der Wilden Möhre · ½ Becher Sahne (100 g)
50 g geriebener Emmentalerkäse · 20 g Butter

Zubereitungszeit: 40 Minuten

Den Porree/Lauch putzen, waschen und in dünne
Ringe schneiden. Die Möhren waschen, schaben und
feinwürfeln.
Die Butter oder Margarine in einem Suppentopf erhitzen. Die Haferflocken und das Mehl darin 3–4 Minuten unter ständigem Umrühren anrösten. Die Gemüse in den Topf geben und mit der Gemüsebrühe
aufgießen. Unter gelegentlichem Umrühren bei
schwacher Hitze 20 Minuten kochen lassen.
Inzwischen sämtliche Kräuter gründlich waschen, abtropfen lassen, von den dicken Stengeln befreien und
feinhacken. In die Suppe geben und etwa 5 Minuten
mitziehen lassen.
Den Topf vom Herd nehmen und die Sahne einrühren. In 4 Suppentassen verteilen und mit dem gerieb-
nen Emmentalerkäse bestreuen. Zum Schluß je ein
Stückchen Butter auf die Suppe setzen.

Gerstensuppe mit Waldpilzen

120 g Gerste · 1 Zwiebel · ¼ Sellerieknolle
20 g Butter · 1½ l Gemüsebrühe
500 g gemischte Waldpilze · 1 Möhre
1 Bund Petersilie · 1 Eßl. Tamari
(Sojasauce aus dem Reformhaus) oder ½ Teel. Salz

Zubereitungszeit: 2 Stunden

Die Gerste auf einem Sieb unter fließendem kaltem Wasser waschen, bis das Wasser klar abläuft.
Die Zwiebel und die Sellerieknolle schälen und in Scheiben schneiden. Die Butter erhitzen, die Zwiebel- und Selleriescheiben darin anbraten. Mit der Gemüsebrühe aufgießen, die Gerste hineingeben und in 1½ Stunden weichkochen.
Die Pilze putzen, waschen und kleinschneiden.
Die Möhre schälen, waschen, in Würfel schneiden, die Petersilie waschen und feinhacken, alles in die Suppe geben, nach Geschmack mit Tamari würzen oder salzen. Weitere 10–15 Minuten bei schwacher Hitze kochen lassen, bis die Pilze gar sind.

Kürbissuppe mit Vogelmiere

Kürbisse reifen spät im Jahr und lassen sich bis in den Winter hinein lagern. Die Vogelmiere ist eines der wenigen wildwachsenden Kräuter, die man fast das ganze Jahr pflücken kann.

750 g Kürbis · 2 mittelgroße Zwiebeln · 5 Eßl.
Sonnenblumenöl · 1 Eßl. Weizenvollkornmehl
Type 1050 · Salz · 40 g Vogelmiere (2 Handvoll)
2 Scheiben Vollkornbrot

Zubereitungszeit: etwa 1 Stunde

Den Kürbis dick schälen und in Stücke schneiden.
Die Zwiebeln schälen und feinhacken. 2 Eßlöffel Öl in einem großen Topf erhitzen und darin die Zwiebeln und die Kürbisstücke von allen Seiten anbraten. Mit Wasser aufgießen, so daß das Gemüse gut bedeckt ist. Zum Kochen bringen und bei schwacher Hitze zugedeckt etwa 45 Minuten kochen lassen, bis der Kürbis weich ist und zerfällt. Salz hinzufügen und die Masse durch ein Sieb geben oder pürieren.
Weitere 2 Eßlöffel Sonnenblumenöl erhitzen, das Mehl darin anschwitzen, mit etwas Wasser glattrüh-

ren. Die pürierte Kürbismasse zugeben und unter gelegentlichem Umrühren einmal kurz aufkochen lassen. Die Suppe vom Herd nehmen.
Die Vogelmiere gründlich waschen, feinhacken und in die Suppe geben.
Das Vollkornbrot in kleine Würfel schneiden, im restlichen Öl knusprig rösten und extra dazu reichen.

Holunderbeersuppe

400 g vollreife Holunderbeeren (6–7 Dolden)
2 Äpfel · 2 Birnen · ½ l Wasser
Saft und abgeriebene Schale von 1 Zitrone
(unbehandelt) · 3–5 Eßl. Zuckerrübensirup
1 Glas Weißwein · 1 Becher Sahne (200 g)
Salz · 1 Prise Zimt · 4 Graubrotscheiben

Zubereitungszeit: 50 Minuten

Die Holunderbeerendolden waschen, die Beeren von den Stielen zupfen. Die Äpfel und die Birnen waschen und vierteln. Das Wasser mit den Früchten zum Kochen bringen, den Zitronensaft und die Schale zugeben, die Obstviertel und die Beeren in 30 Minuten weichkochen. Durch ein Sieb passieren.
Den Backofen auf 100 °C vorheizen.
Das Mus wieder erhitzen, mit dem Zuckerrübensirup süßen, den Weißwein und die Sahne unterrühren und mit Salz und Zimt würzen.
Die Graubrotscheiben halbieren, im Backofen knusprig trocknen, aber nicht bräunen. Die Suppe über den Toastbrotscheiben anrichten.

Pikante Herbstsuppe

500 g Eßkastanien · ½ l Gemüsebrühe
1 l Milch · Salz · Pfeffer · geriebene Muskatnuß
¼ Teel. gemahlene Pimentkörner · 1 Prise Zimt
1 Eßl. Crème fraîche · ½ Glas Weißwein

Zubereitungszeit: 1 Stunde 15 Minuten

Den Backofen auf 200 °C vorheizen.
Die Kastanien kreuzweise einschneiden und im Backofen etwa 15–20 Minuten rösten, bis die Schalen aufgesprungen sind. Schälen und von den braunen Häutchen befreien. In der Gemüsebrühe in etwa 30 Minu-

ten weichkochen. Einige Kastanien beiseite legen. Die übrigen durch ein Sieb drücken oder im Mixer pürieren. Wieder in die Brühe geben und bei schwacher Hitze unter ständigem Schlagen mit dem Schneebesen die Milch unterziehen. Solange weiterschlagen, bis die Suppe aufkocht. Mit Salz, Pfeffer, Muskat, Piment und Zimt würzen. 10 Minuten bei schwacher Hitze kochen lassen. Vom Herd nehmen und mit dem Schneebesen die Crème fraîche und den Weißwein einrühren. Die beiseite gelegten Kastanien grobhakken und vor dem Anrichten in die Suppe geben.

Suppe mit Haselnußklößchen

Zu Süßspeisen aller Art sind Haselnüsse eine beliebte Zutat. Daß sie auch mit salzigen Speisen harmonieren, ist wenig bekannt.

---

50 g Haselnußkerne · 50 g Butter · 1 Ei
1 Scheibe feingeriebenes altbackenes
Vollkornbrot (50 g) · 1 Eßl. Sahne
Salz · weißer Pfeffer · geriebene Muskatnuß
1 l Gemüsebrühe · 2 Eßl. feingehackte Petersilie

Zubereitungszeit: 30 Minuten
Kühlzeit: 30 Minuten

Die Haselnüsse in der Nußmühle feinmahlen.
Die Butter in einer Schüssel schaumig rühren. Die gemahlenen Haselnüsse, das Ei, die Brotkrumen und die Sahne einrühren. Mit Salz, Pfeffer und Muskat würzen. Den Teig 30 Minuten in den Kühlschrank stellen.
Die Gemüsebrühe zum Kochen bringen.
Aus dem Teig haselnußgroße Klößchen formen. In die kochende Gemüsebrühe einlegen, die Hitze reduzieren und die Klößchen 5 Minuten ziehen lassen (nicht kochen!).
Die Suppe heiß, mit der Petersilie bestreut, auftragen.

Grüne Wildgemüsesuppe

---

2 Schalotten · ½ l Wasser · 100 g Weiße
Melde oder Beinwell · 50 g Brennesseln
20 g Sauerampfer · 1 Avocado · ½ Bund Petersilie
2–3 Stengel frische Minze
2 Stengel frisches Basilikum · Meersalz · 1 Limone

Zubereitungszeit: 30 Minuten

Die Schalotten schälen und feinhacken. Mit dem Wasser in den Mixer geben und pürieren.
Die Weiße Melde oder Beinwell, die Brennesseln (nicht ohne Gummihandschuhe) und den Sauerampfer waschen und abtropfen lassen. Die Blätter von den Stengeln zupfen, grobhacken und ebenfalls in den Mixer geben.
Die Avocado schälen, halbieren und entkernen. Die Petersilie, die frische Minze und das Basilikum waschen, feinhacken und mit der Avocado zu den übrigen Zutaten in den Mixer füllen. Auf kleiner Stufe solange pürieren, bis eine cremige Masse entstanden ist. Mit Meersalz und Limonensaft würzen.
Diese Suppe schmeckt kalt als Vorspeise, aber auch heiß als Ergänzung zu Vollkornnudeln oder braunem Reis; sie darf allerdings nicht kochen.

Kaltschale mit Brunnenkresse

---

2 Eßl. Arrow-root-Mehl (Pfeilwurzelmehl aus
dem Reformhaus) · 1 Flasche Weißwein (0,7 l)
Saft von 1 Zitrone · 100 g milder Honig
wie Akazienhonig oder Lindenblütenhonig
1 Eigelb · frisch gemahlener weißer Pfeffer
1 Handvoll frische Brunnenkresse oder
Wiesenschaumkraut (ein paar Blüten dürfen
dabei sein)

Zubereitungszeit: 20 Minuten
Kühlzeit: 1–2 Stunden

Das Arrow-root in 5 Eßlöffeln Wein anrühren, den übrigen Wein mit dem Zitronensaft erhitzen. Das angerührte Arrow-root daruntermischen, kurz aufkochen lassen und vom Herd nehmen. Wenn die Flüssigkeit auf etwa 40 °C abgekühlt ist, den Honig darin auflösen. Das verquirlte Eigelb unterziehen. Mit frisch gemahlenem weißem Pfeffer würzen.
Die Brunnenkresse in heißem Wasser gründlich waschen, abtropfen lassen, die hohlen Stengel entfernen. Einige Spitzen oder Blüten zum Garnieren beiseite legen, die übrigen Blättchen feinhacken und unter die Kaltschale mischen.
Im Kühlschrank 1–2 Stunden kalt stellen. In Portionsschalen oder Suppenteller füllen und vor dem Auftragen die Kressespitzen darüberstreuen.

Hauptgerichte – für Sammler und Waldläufer

Cannelloni mit wilden Kräutern

Für die Sauce:
1 Handvoll Brunnenkresse · 1 Handvoll Wiesenkerbel
1 Handvoll Bärlauch · 1 Handvoll Giersch
1 Zwiebel · 50 g Butter · 3 Eßl. Weizenvollkornmehl
Type 1050 · ½ l Milch
1 Becher Sahne (200 g) · Salz · weißer Pfeffer
geriebene Muskatnuß · 1 Eßl. Zitronensaft
Für die Füllung:
150 g Sauerampfer oder Brennesseln · 100 g Bärlauch
1 Handvoll Giersch · 1 Handvoll Knoblauchhederich
1 Handvoll Wiesenkerbel · 1 große Zwiebel
30 g Butter · 200 g Ricotta · 50 g Parmesankäse
2 Eier · Salz · Pfeffer · 12 Cannelloni
3 Eßl. Parmesankäse · 30 g Butter für Butterflöckchen

Zubereitungszeit: 1 Stunde 20 Minuten

Für die Sauce die Kräuter waschen und abtropfen lassen (Brunnenkresse heiß waschen). Grobe Stengel entfernen, die Blätter feinhacken.
Die Zwiebel schälen und feinhacken.
In einem mittelgroßen Topf die Butter erhitzen und die Zwiebel darin glasig braten, dann das Mehl einrühren und ein paar Minuten anschwitzen. Die Milch nach und nach zugießen und dabei weiterrühren, damit keine Klumpen entstehen. Zum Schluß die Sahne einrühren, die gehackten Kräuter dazugeben und mit Salz, Pfeffer, Muskat und dem Zitronensaft würzen. Die Sauce 10–15 Minuten bei schwacher Hitze kochen lassen, bis sie sämig wird; vom Herd nehmen.
Den Backofen auf 200 °C vorheizen.
Für die Füllung die Kräuter waschen und abtropfen lassen (zum Waschen der Brennesseln Gummihandschuhe anziehen), grobe Stengel entfernen, die Blätter grobhacken.

Die Zwiebel schälen und hacken.
Die Butter in einem großen Topf erhitzen und die Zwiebel darin glasig braten. Die gehackten Kräuter dazugeben und unter Umwenden etwa 5 Minuten mitdünsten, bis sie zusammengefallen sind.
Den Topf vom Herd nehmen und den Ricotta, den geriebenen Parmesan und die Eier unter die Kräuter rühren, mit Salz und Pfeffer würzen. Die Cannelloni mit dieser Masse füllen.
In eine flache Auflaufform mit Deckel die Hälfte der Sauce gießen, die Cannelloni hineinsetzen und die andere Hälfte der Sauce darübergießen. Die Butterflöckchen daraufsetzen. Zugedeckt in den vorgeheizten Backofen schieben und 20 Minuten backen. Danach mit einer Gabel prüfen, ob die Cannelloni gar sind, mit dem geriebenen Parmesan bestreuen und noch einmal 5 Minuten backen, bis der Käse leicht überbacken ist.

Quiche mit Bärlauch

200 g Weizenvollkornmehl Type 1050
150 g kalte Butter · ½ Teel. Salz · 2–3 Eßl. Wasser
100 g Bärlauchblätter · 3 Eier · 1 Becher Sahne (200 g)
100 g geriebener Emmentalerkäse
100 g Frühstücksspeck · je 1 Prise Salz und Pfeffer
Butter zum Einfetten der Form

Zubereitungszeit: 2 Stunden

Das Vollkornmehl in eine Schüssel geben und mit der in nußgroße Stückchen zerpflückten Butter verrühren. Das Salz und das Wasser hinzufügen. Den Teig gut durchkneten und, falls nötig, noch etwas Wasser hinzugeben. Mindestens 30 Minuten ruhen lassen.
Den Bärlauch waschen, abtropfen lassen und in 1 cm breite Streifen schneiden.
Die Eier mit der Sahne verquirlen, mit dem Emmentaler und dem in Würfel geschnittenen Frühstücksspeck verrühren, pfeffern, salzen und den Bärlauch dazugeben.
Den Backofen auf 175 °C vorheizen.
Den Teig ausrollen und in eine gefettete Springform von 26 cm Durchmesser geben. An den Rändern 3 cm hochdrücken. Die Mischung mit dem Bärlauch gleichmäßig auf dem Teig verteilen.
Die Form auf die mittlere Schiene des vorgeheizten Backofens schieben und 45 Minuten backen, danach noch weitere 15 Minuten bei 220 °C.

Bärlauch-Bohnen-Eintopf

200 g getrocknete rote Bohnen · 3 rote Zwiebeln
4 Eßl. Olivenöl · 500 g gemischtes Hackfleisch
1 kg Fleischtomaten · Salz · schwarzer Pfeffer
1 Lorbeerblatt · 1 Teel. Chilipulver
300–400 g Bärlauchblätter

Zubereitungszeit: 60–70 Minuten

Die getrockneten Bohnen waschen und über Nacht in
kaltem Wasser einweichen.
Am nächsten Tag die Bohnen im Einweichwasser fast
gar kochen.
Die Zwiebeln schälen und feinhacken.
Das Öl erhitzen, die Zwiebeln darin glasig braten, das
Hackfleisch zugeben und unter Rühren anbraten.
Die Tomaten mit kochendem Wasser überbrühen, die
Haut abziehen, den Stielansatz entfernen, die Tomaten in Würfel schneiden.
Die Bohnen mit einem Schaumlöffel aus dem Kochwasser heben und zusammen mit dem Hackfleisch
und den Tomaten in einen großen Topf füllen, salzen,
pfeffern, das Lorbeerblatt und das Chilipulver zugeben. Gemüse und Fleisch bei schwacher Hitze solange zugedeckt dünsten, bis die Bohnen weich sind,
aber noch nicht aufspringen.
Die Bärlauchblätter waschen, abtropfen lassen und in
2–3 cm breite Streifen schneiden; 10 Minuten vor
Ende der Garzeit zugeben und den Eintopf fertig garen. Nochmals mit Salz und Pfeffer abschmecken.

Reisauflauf mit Wildkräutern

4 Tassen brauner Reis · 8 Tassen Wasser · Salz
1 Lorbeerblatt · 1 kleine Zwiebel · 1 Knoblauchzehe
100 g frische Wildkräuter (Bärlauch, Beinwell
Giersch, Wiesenbärenklau, etwas Brunnenkresse, Dost
oder Quendel) · ½ l Milch · 1 Ei · frisch gemahlener
schwarzer Pfeffer · Butter für die Form
2 Eßl. Butter · 50 g geriebener Parmesankäse

Zubereitungszeit: 1 Stunde 30 Minuten

Den braunen Reis mit dem Wasser, Salz und dem
Lorbeerblatt in einen Topf geben und in etwa 45 Mi-
nuten garkochen.
Den Backofen auf 175 °C vorheizen.

Die Zwiebel schälen und feinhacken, die Knoblauchzehe schälen und zerdrücken.
Die Kräuter waschen, abtropfen lassen, von den dik-
ken Stengeln befreien, dann feinhacken.
Aus dem gargekochten Reis das Lorbeerblatt entfernen, die Milch und das verquirlte Ei hineinrühren, die
Zwiebel, den Knoblauch und die Kräuter untermischen, mit Salz und Pfeffer würzen. Eine feuerfeste
Form mit Butter einfetten, die Reismischung hineingeben und mit Butterflöckchen besetzen.
Im vorgeheizten Backofen 20 Minuten backen. Den
geriebenen Parmesan darüberstreuen und weitere
5–10 Minuten gratinieren.
Dazu paßt grüner Salat.

Englischer Frühlingspudding

125 g Perlgraupen · 125 g grobes Hafermehl
(ersatzweise zarte Haferflocken)
2 Stangen Porree/Lauch · 1 große Zwiebel
30 g Butter · 200 g Sauerampfer · 300 g Brennesseln
100 g Wiesenkerbel · 20 g Löwenzahnblätter
20 g Spitzwegerichblätter · ½ Teel. Salz · etwas Pfeffer

Zubereitungszeit: 2 Stunden 40 Minuten
Quellzeit: 1 Stunde

Die Perlgraupen und das Hafermehl 1 Stunde in Wasser quellen lassen, abgießen.
Die Kräuter waschen (bei den Brennesseln Gummihandschuhe anziehen), grobe Stengel entfernen. Die
Blätter 2 Minuten in kochendem, gesalzenem Wasser
blanchieren. Abtropfen lassen und die Flüssigkeit etwas herausdrücken. Die Kräuter feinhacken oder
durch den Fleischwolf drehen.
Den Porree/Lauch waschen und in schmale Ringe
schneiden. Die Zwiebel schälen und feinhacken, in
der Butter glasig braten; die Lauchringe dazugeben
und kurz mitdünsten.
Alle Zutaten zu einem Teig verarbeiten, mit Salz und
Pfeffer würzen. In eine gefettete Puddingform füllen
und gut verschlossen in ein Wasserbad stellen. Die
Form soll bis zu einem Dreiviertel im Wasser stehen.
Zugedeckt etwa 2 Stunden kochen lassen.
Die Puddingform kurz in kaltes Wasser tauchen, damit sich der Pudding leichter aus der Form löst; auf
eine vorgewärmte Platte stürzen.
Man ißt diesen Pudding zu Rinder- oder Hammelbra-
ten oder mit knusprig gebratenen Speckscheiben.

Frühlingskräuterkranz

1 Sellerieknolle · 1 l Wasser · 1 gestrichener
Teel. Salz · ½ Teel. feingemahlener schwarzer
Pfeffer · 2 Eßl. Essig · 500 g Möhren · 5 gestrichene
Teel. Agar-Agar · 2 säuerliche Äpfel · 2 Eier
1 Handvoll Giersch · 1 Handvoll Löwenzahn
2 Handvoll Sauerampfer · 2 Handvoll Brunnenkresse
2 Handvoll Wiesenkerbel · 2 Handvoll Vogelmiere
1 Strauß Gänseblümchen · 1 Eßl. Kapern

Zubereitungszeit: 1 Stunde
Kühlzeit: 5–6 Stunden

Die Sellerieknolle abschälen, in dicke Scheiben
schneiden und mit dem Wasser, Salz, Pfeffer und dem
Essig 15 Minuten kochen lassen.
Inzwischen die Möhren waschen, schaben und wei-
tere 10 Minuten in der Selleriebrühe mitkochen las-
sen.
Dann die Gemüse mit einem Schaumlöffel aus dem
Wasser nehmen, das Kochwasser (¾ l) aufheben.
Das Agar-Agar in wenig Gemüsebrühe verrühren.
Die übrige Gemüsebrühe nach und nach dazugeben
und unter ständigem Rühren fast bis zum Siedepunkt
erhitzen, dann vom Herd nehmen.
Eine Ringform mit kaltem Wasser ausspülen, den Bo-
den mit der Gemüsebrühe etwa 1 cm hoch bedecken.
In den Kühlschrank stellen, die restliche Gemüsebrü-
he warm stellen.
Die Möhren in Scheiben schneiden, die Sellerieschei-
ben würfeln. Die Äpfel schälen und in Würfel schnei-
den. Die Eier hartkochen, abschrecken, pellen und in
Scheiben schneiden.
Die Kräuter einzeln waschen und abtropfen lassen
(die Brunnenkresse heiß waschen). Den Giersch, den
Löwenzahn und den Sauerampfer grobhacken, von
der Brunnenkresse und vom Wiesenkerbel die dicken
Stengel entfernen, die Vogelmiere ganz lassen.
Die Eierscheiben abwechselnd mit Karottenscheiben
und Gänseblümchen auf das erstarrte Gelee legen.
Die Kapern, die Vogelmiere, die Brunnenkresse und
den Wiesenkerbel dazwischenlegen. (Was sich nicht
unterbringen läßt, können Sie für die nächste Schicht
aufheben.)
Eine Schicht Gemüsebrühe darübergießen, so daß alles bedeckt ist. Kalt stellen, bis auch diese Schicht er-
starrt.
Dann den Sellerie, die Äpfel, den Rest der Karotten
und die grobgehackten Kräuter (Löwenzahn, Giersch
und Sauerampfer) darauf verteilen. Die restlichen

kleinblättrigen Kräuter um den Rand legen. Den Rest
der Gemüsebrühe darübergießen und bis zum völli-
gen Erstarren in den Kühlschrank stellen.
Vor dem Stürzen den Ring in heißes Wasser tauchen,
damit sich der Kranz besser aus der Form löst.

Mein Tip

Zur besonders feinen Delikatesse wird der Früh-
lingkräuterkranz, wenn Sie in Essig eingelegte
Hallimasch (Rezept S. 40) mitverwenden. Noch
hübscher als Hallimasch sehen eingelegte Piffer-
linge aus. Die Pilze gut abtropfen lassen und einige davon in der ersten, also der untersten Schicht
anordnen, die restlichen auf die beiden anderen
Schichten verteilen. Für diese Variante nimmt man
gewürfelte Essiggurken statt der Äpfel.

Weihnachtsgans mit Kastanienfüllung

500 g Kastanien · 2 große saure Boskopäpfel
1 Zwiebel · 1 Jungmastgans (etwa 2 kg)
Salz · Pfeffer · 2 Teel. getrockneter Thymian
2 Teel. getrockneter Beifuß

Zubereitungszeit: etwa 2 Stunden

Den Backofen auf 200 °C vorheizen.
Die Kastanien kreuzweise einschneiden, in kochendes Wasser geben und 5 Minuten sprudelnd kochen
lassen. Im Wasser etwas abkühlen lassen, dann schälen und die braunen Häutchen entfernen.
Die Äpfel schälen, vierteln, vom Kerngehäuse befrei-
en und grobwürfeln.
Die Zwiebel schälen und in dünne Ringe schneiden.
Kastanien, Äpfel und Zwiebeln vermischen. Die bratfertig vorbereitete Gans kurz abspülen, innen und außen abtrocknen und innen mit Salz, Pfeffer, dem Thymian und dem Beifuß einreiben.
Die Gans mit der Mischung aus Kastanien, Äpfeln
und Zwiebeln stopfen, die Öffnung zunähen oder
-stecken. Von außen salzen, pfeffern und ebenfalls
mit den Kräutern einreiben. Mit der Brustseite nach
unten in einen großen Bräter legen, mit 1 Tasse kochendem Wasser übergießen und in den vorgeheizten
Backofen schieben. Unter häufigem Begießen mit
dem Bratenfond zuerst 30 Minuten auf der einen Sei-

te braten, dann umdrehen und auf der anderen Seite ebenfalls 30 Minuten braten.

Nach etwa 60 Minuten Bratzeit den Ofen auf Oberhitze einstellen, die Gans des öfteren mit Salzwasser einpinseln und dabei noch 15 Minuten knusprig werden lassen.

Die fertig gebratene Gans noch 10–15 Minuten im ausgeschalteten Ofen bei halb geöffneter Tür stehen lassen. Herausnehmen, tranchieren und auf einer heißen Platte anrichten, mit den Kastanien umlegen.

Den Bratensatz mit etwas Wasser loskochen, entfetten und in einer vorgewärmten Sauciere servieren.

Dazu gibt es rohe Kartoffelklöße und Rotkraut.

Ente mit frischer Minze und Dost

1 Fleischente (etwa 1 500 g) · Salz

frisch gemahlener schwarzer Pfeffer · 50 g Butter

¼ l Weißwein · 2 Kopfsalat · 500 g grüne ausgepalte

Erbsen · 1 Sträußchen frische Minze und frischer Dost

Saft von ½ Zitrone · geriebene Muskatnuß

Zubereitungszeit: etwa 2 Stunden

Die bratfertig vorbereitete Ente waschen und abtrocknen, die beiden Fettdrüsen rechts und links oberhalb des Bürzels entfernen. Die Ente innen und außen mit Salz und Pfeffer einreiben und dressieren.

In einem Bräter die Butter aufschäumen lassen und die Ente darin rundum von allen Seiten anbraten, das Fett abgießen. Die Ente mit dem Weißwein übergießen, die Flüssigkeit 2–3 Minuten sprudelnd kochen.

Den Backofen auf 200 °C vorheizen.

Den Salat im Ganzen waschen, vierteln und mit den Erbsen in den Sud geben. Die Kräuter waschen, feinhacken und ebenfalls zugeben. Einige Minzespitzen zum Garnieren beiseite legen.

Die Ente in den vorgeheizten Backofen schieben und in etwa 75 Minuten garen. Dabei mehrmals mit einer Stricknadel an Brust und Keulenansätzen einstechen, damit das Fett abfließen kann.

Die Ente auf eine Platte legen und warm stellen.

Den Sud mit Küchenkrepp entfetten und durch ein feines Haarsieb gießen. Mit dem Zitronensaft, Muskat und Salz abschmecken.

Die Ente mit Minze garnieren und mit etwas Sauce übergießen. Die restliche Sauce getrennt reichen.

Auberginentopf mit Wildkräutern

250 g Brennesseln · 2 Handvoll Giersch

1 Handvoll Bärlauch · 2 große Auberginen

½ Tasse Olivenöl · Salz · 2 große Zwiebeln

3 Knoblauchzehen · 3 Fleischtomaten

1 kleines Sträußchen Dost (wilder Thymian)

oder Quendel · frisch gemahlener schwarzer Pfeffer

2 Eßl. Zitronensaft · 5 Eßl. Sesamsamen

Zubereitungszeit: 1 Stunde

Die Brennesseln (nicht ohne Gummihandschuhe), den Giersch und den Bärlauch waschen. Die Stiele von Brennesseln und Giersch abzupfen; alle Kräuter für 3 Minuten in kochendes Salzwasser geben, auf einem Sieb abtropfen lassen und feinhacken.

Den Backofen auf 180 °C vorheizen.

Die Auberginen waschen, der Länge nach in knapp 1 cm dicke Scheiben schneiden und diese nochmals in 2–3 Längsstreifen unterteilen. Die Streifen auf ein Backblech legen, mit 2 Eßlöffeln Olivenöl bestreichen, leicht salzen und im vorgeheizten Backofen in 7–10 Minuten goldbraun werden lassen. Umwenden, die andere Seite ebenfalls mit Öl bestreichen und goldbraun backen.

In der Zwischenzeit die Zwiebeln schälen und feinhacken, den Knoblauch schälen und zerdrücken. Das restliche Olivenöl erhitzen, Zwiebeln und Knoblauch darin glasig braten. Die Tomaten in Spalten schneiden, die Wildkräuter feinhacken, ebenfalls ins heiße Fett geben und etwa 10 Minuten mitbraten. Mit Salz, Pfeffer, den abgestreiften Blättchen von Dost oder Quendel und dem Zitronensaft würzen.

Ein paar Eßlöffel dieser Sauce auf dem Boden einer feuerfesten Form verteilen, ein Drittel der gebackenen Auberginenstreifen darauflegen. Wieder Sauce darüberfüllen und eine weitere Schicht Auberginen darauflegen, nochmals mit Sauce bedecken. Die oberste Auberginenschicht mit der restlichen Sauce begießen.

Das Ganze zugedeckt bei mittlerer Hitze 10 Minuten kochen.

Die Sesamsamen in einer trockenen Pfanne unter Umwenden goldbraun rösten, kurz vor dem Servieren über den Auberginentopf streuen.

Saucen – das grüne Tüpfelchen auf dem i

Grüne Sauce mit Wildkräutern

Grüne Kräutersauce wurde schon im alten Rom gegessen. Italienische Kaufleute brachten das Rezept für die »Salsa verde« im 17. Jahrhundert nach Norden, wo es in Frankreich zur »Sauce Gribiche« und in Hessen zur »Grie Soß«, der berühmten Frankfurter Grünen Sauce abgewandelt wurde. Es gibt viele Grüne-Sauce-Rezepte; allen ist gemeinsam, daß mindestens 7 verschiedene frische grüne Kräuter darin enthalten sind. Zur Frankfurter Grünen Sauce gehören Pimpinelle, Petersilie, Dill, Borretsch, Kerbel, Liebstöckel, Zitronenmelisse und Sauerampfer. Von April bis Juni ist die beste Zeit für aromatische Kräuter aus freier Wildbahn, und man kann die würzige Sauce mit selbstgesammeltem »Grün« bereiten.

---

100 g frische Kräuter, mindestens 7 Sorten
(Bärlauch, Brunnenkresse, Giersch, Gundermann,
Knoblauchsrauke, Löwenzahn, Minze, Sauerampfer,
Schafgarbe, Spitzwegerich, Wiesenbärenklau,
Wiesenkerbel, Wiesenknopf, Vogelknöterich,
Vogelmiere, Grün der Wilden Möhre)

1 kleine Zwiebel · 1 kleine Knoblauchzehe

4 hartgekochte Eier · ⅛ l Pflanzenöl · ½ Becher

Joghurt · Salz · weißer Pfeffer · geriebene Muskatnuß

1 Eßl. scharfer Senf · ⅛ l saure Sahne

Zubereitungszeit: 20–30 Minuten (ohne Kühlzeit)

Die Kräuter waschen, gut abtropfen lassen, von den dicken Stengeln befreien, dann feinhacken. Die Zwiebel schälen und ebenfalls feinhacken. Die Knoblauchzehe schälen und zerdrücken.
Die Eigelbe aus den hartgekochten Eiern lösen. Zerdrücken und unter Rühren nach und nach das Öl zufügen. Die Mayonnaise dann mit Joghurt verlängern

und die gehackten Kräuter sowie die Zwiebel zugeben. Mit Salz, dem zerdrückten Knoblauch, dem Pfeffer, dem Muskat und dem Senf würzen. Zuletzt die saure Sahne und die feingehackten Eiweiße unterrühren. Die Sauce kalt stellen und vor dem Servieren nochmals durchrühren.
Dieser Frühlingsschmaus paßt zu gekochtem Rindfleisch, gebratenem oder gedünstetem Fisch, hartgekochten Eiern oder zu Pellkartoffeln.

Mein Tip

Nehmen Sie nicht von allen Kräutern die gleiche Menge, stark würzige oder leicht bittere Kräuter wie Brunnenkresse, Löwenzahn, Knoblauchsrauke oder Schafgarbe vorsichtiger dosieren als Kräuter mit mildem Geschmack, wie Wiesenbärenklau, Bärlauch, Vogelknöterich und Möhrengrün.

Englische Minzsauce

---

1 Eßl. brauner Zucker · ⅛ l Weinessig

⅛ l Wasser · 3 Eßl. feingeschnittene

frische Minzeblätter (etwa 20 Blätter) · 1 Prise Salz

Zubereitungszeit: 15 Minuten

Den Zucker mit dem Essig und dem Wasser aufkochen. Mit 2 Eßlöffeln der feingeschnittenen Minze 5 Minuten kochen. Zugedeckt erkalten lassen.
Die Flüssigkeit durch ein Sieb abgießen. Mit Salz abschmecken. Die restliche Minze einrühren und die Sauce bis zum Servieren kühl stellen.
Sie wird kalt zu heißem Braten serviert. Im Kühlschrank ist sie mehrere Tage haltbar.

Essig mit Kräutern und Blüten

---

1 Sträußchen Estragon · ½ Bund Schnittlauch

1 kleine Schalotte · 2–3 Stengel frische Minze

20 frische Heckenrosenblüten

2 Holunderblütendolden · 1 l Weinessig

Zubereitungszeit: 10 Minuten

Die Kräuter waschen und trockentupfen, die Schalotte schälen und in dicke Ringe schneiden.

Die Rosenblütenblätter und die Holunderblüten abstreifen und mit den anderen Zutaten in den Essig geben.

In gut gereinigten Flaschen verschlossen 4–6 Wochen ziehen lassen. Dann nach Wunsch abfiltern oder die Kräuter und Blüten in den Flaschen lassen und immer wieder Essig nachfüllen.

Sauce Hollandaise mit Wildkräutern

125 g Butter · 2 Eigelbe · 1 Eßl. Essig
4 Eßl. feingehackte frische Wildkräuter (Bärlauch,
Giersch, Spitzwegerich, Wiesenknopf, Wiesenkerbel,
Grün der Wilden Möhre, Sauerampfer,
Knoblauchsrauke, Gundermann) · Salz · Pfeffer

Zubereitungszeit: 30 Minuten

Die Butter im heißen Wasserbad schmelzen. Die Eigelbe darunterrühren, den Essig tropfenweise zugeben und das Ganze etwa 15 Minuten mit dem Schneebesen schlagen, bis die Sauce cremig ist.

Die Kräuter waschen, feinhacken und darunterrühren. Mit Salz und Pfeffer würzen.

Die Sauce paßt zu Artischocken, Spargel, Blumenkohl und hartgekochten Eiern.

Grüne Mayonnaise

4 Eigelbe · 2 Teel. Zitronensaft · ¼ l Olivenöl
Salz · 5 Bärlauchblätter · 2 Gierschblätter
10 Brunnenkresseblätter · 20 Sauerampferblätter
2 Wiesenkerbelblätter

Zubereitungszeit: 35 Minuten

Die Eigelbe mit dem Zitronensaft verquirlen, das Öl teelöffelweise dazugeben und dabei ständig mit dem Schneebesen oder Handrührgerät schlagen, bis die Mayonnaise dickcremig ist. Mit Salz abschmecken.

Die Kräuter waschen und abtropfen lassen (Brunnenkresse heiß waschen). Sehr fein hacken oder im Mixer pürieren. Kurz vor dem Servieren unter die Mayonnaise rühren.

Kornelkirschensauce

250 g Kornelkirschen · ¼ l Rotwein
1 Stück Zitronenschale (unbehandelt)
Salz · 2 Teel. Arrow-root
(Pfeilwurzelmehl aus dem Reformhaus) · 100 g Honig
1 Gläschen Kirschwasser

Zubereitungszeit: 30 Minuten

Die Kornelkirschen waschen und gut abtropfen lassen. Mit dem Rotwein, der Zitronenschale und Salz in einen Topf geben und 20 Minuten kochen lassen. Die Fruchtmischung durch ein feines Sieb pressen, die Rückstände entfernen. Das Arrow-root-Mehl mit etwas kaltem Wasser anrühren. Das Fruchtmus wieder zum Kochen bringen und mit dem Arrow-root-Mehl binden. Vom Herd nehmen und den Honig hineinrühren. Mit dem Kirschwasser würzen.

Diese würzige Sauce paßt heiß oder kalt zu Pfannkuchen, süßen Vollkornaufläufen oder Eis.

Pilzsauce Großmutter Art

25 g durchwachsener Speck
1 Eßl. Pflanzenmargarine · 2 Zwiebeln
200 g beliebige Pilze · 2 gehäufte Eßl. Mehl
¼ l heiße Fleischbrühe · 2 Eßl. Rotwein
Salz · schwarzer Pfeffer · 2 Eßl. Sahne

Zubereitungszeit: 30 Minuten

Den Speck in feine Würfel schneiden, in der erhitzten Margarine auslassen. Die Zwiebeln schälen und feinhacken, zu den Speckwürfeln geben und goldbraun werden lassen. Die Pilze putzen, kurz waschen, gut abtropfen lassen und kleinhacken. In den Topf mit den Speckwürfeln und Zwiebeln geben und 10–15 Minuten garen. Mit dem Mehl bestäuben und unter Rühren kräftig anrösten. Die heiße Fleischbrühe zugießen. Nochmals aufkochen lassen. Die Sauce durch ein Sieb gießen und in einem zweiten Topf wieder aufkochen. Den Rotwein zugießen. Die Sauce mit Salz und Pfeffer abschmecken. Den Topf vom Herd nehmen und die Sahne unterrühren.

Paßt zu gebratenen Fleisch- und Wildgerichten.

Beilagen – alles andere als Nebensache

Kartoffelküchlein mit wilden Kräutern

---
250 g Kartoffeln (mehligkochend) · 2 Eier
7–8 Eßl. Milch · Salz · Pfeffer · geriebene Muskat-
nuß · 2–3 Eßl. feingehackte würzige Wildkräuter
(z. B. Bärlauch, Brunnenkresse, Dost,
Pastinakgrün, Quendel, Wiesenkerbel,
Wiesenschaumkraut, Vogelmiere, Grün der
Wilden Möhre) · Sonnenblumenöl zum Ausbacken

Zubereitungszeit: 1 Stunde

Die gewaschenen Kartoffeln zugedeckt weichkochen. Anschließend etwas abkühlen lassen und pellen. Mit dem Kartoffelstampfer zerdrücken oder im Mixer pürieren. Mit den Eiern und der Milch zu einem glatten Teig aufschlagen, der etwas fester sein soll als Kartoffelpüree. Mit Salz, Pfeffer und Muskat würzen.
Die Kräuter unter den Kartoffelteig mischen.
In einer Pfanne 2 Eßlöffel Sonnenblumenöl erhitzen. Kleine, etwa 1 cm hohe Küchlein formen und von beiden Seiten schön knusprig, aber nicht zu braun backen.
Die Küchlein sind eine leckere Beilage zu vielen Fleisch- und Gemüsegerichten. Je nach Jahreszeit ergeben sich immer wieder neue Varianten.

Pastinakpüree

300–500 g Pastinakwurzeln · 200 g Kartoffeln
(mehligkochend) · ⅜ l Sahne · Saft von ½ Zitrone
Salz · weißer Pfeffer · geriebene Muskatnuß
30 g Butter

Zubereitungszeit: etwa 1 Stunde 30 Minuten

Die Pastinakwurzeln waschen, die holzige Rinde abschälen. Die in Stücke geschnittenen Wurzeln in etwa 60 Minuten mit Wasser bedeckt weichkochen. Dann zerstampfen und durch ein Sieb geben, um die faserigen Anteile zu entfernen (oder im Mixer pürieren). Die Kartoffeln waschen, weichkochen, pellen und zerstampfen (oder gleich mit den Pastinakwurzeln pürieren). Beides zusammen in einem Topf langsam erhitzen und unter ständigem Schlagen mit dem Schneebesen die Sahne dazugießen. Mit dem Zitronensaft, Salz, Pfeffer und Muskat würzen; zum Schluß die Butter unterrühren.
Paßt zu Fleisch oder Gemüse-Eintöpfen.
Variante: Gekochte Möhren anstelle von Kartoffeln mitpürieren.

Frühlingskräuterpüree

---
500 g junge Wildgemüse wie Beinwell, Brennesseln,
Giersch, Sauerampfer, Vogelknöterich, Weiße Melde,
Wiesenbärenklau (gemischt oder jeweils für sich,
Giersch und Sauerampfer nur gemischt mit anderen
Gemüsen) · 1 Knoblauchzehe · 1 Eßl. Butter
1 Eßl. Olivenöl · Meersalz · frisch gemahlener
schwarzer Pfeffer · 3 Eßl. Crème fraîche
1 hartgekochtes Ei

Zubereitungszeit: 35 Minuten

Die Kräuter waschen, auf einem Sieb abtropfen lassen. Es dürfen aber ruhig ein paar Wassertropfen hängen bleiben. Die groben Stengel entfernen.
Die Knoblauchzehe schälen und zerdrücken. Die Butter und das Olivenöl mit dem Knoblauch in einem großen Topf erhitzen, die Kräuter hineingeben und unter ständigem Umwenden etwa 2 Minuten dünsten, bis sie zusammengefallen sind. Zugedeckt in weiterer 5–7 Minuten garen.
In den Mixer geben und zusammen mit Salz, Pfeffer und der Crème fraîche pürieren. In den Topf zurückgeben und nochmals erhitzen, aber nicht mehr kochen lassen.
Das hartgekochte Ei pellen und kleinhacken, vor dem Servieren über das Püree streuen.

Pilze – Hauptsachen der Sammlerküche

Steinpilze mit Majoran

---
1 kg Steinpilze · 1 Zwiebel · 2 Knoblauchzehen
---
2 Eßl. Olivenöl · 1 Bund frischer Majoran
---
1 Becher saure Sahne (200 g) · Salz

Pfeffer · 1 Bund Petersilie

Zubereitungszeit: 50 Minuten

Die Steinpilze putzen, kurz waschen, abtropfen lassen und der Länge nach in dünne Scheiben schneiden.
Die Zwiebel und den Knoblauch schälen, feinhacken.
Das Olivenöl erhitzen, die Zwiebel und den Knoblauch darin glasig braten.
Den Majoran waschen, feinhacken und kurz mitbraten lassen. Die Hitze reduzieren und die Steinpilze dazugeben. Mit der Sahne auffüllen und bei schwacher Hitze 15–20 Minuten kochen. Mit Salz und Pfeffer würzen und zum Schluß mit gehackter Petersilie bestreuen. Dazu passen Bandnudeln oder Makkaroni und geriebener Parmesankäse.

Pilzomelette

Rezept für 2 Personen

150–200 g Waldpilze · 2 Schalotten
---
2 Eßl. Butter · 4–5 Eier · 1 Eßl. Sahne

Salz · frisch gemahlener schwarzer Pfeffer

Zubereitungszeit: 30 Minuten

Die Pilze putzen, kurz in kaltem Wasser waschen, abtropfen lassen und in Scheiben schneiden. Die Schalotten schälen und würfeln.
1 Eßlöffel Butter erhitzen, die Schalotten darin kurz anbraten. Die Pilze dazugeben und bei mittlerer Hitze 15 Minuten braten. Gelegentlich umrühren.
Die Eier trennen. In einer Schüssel die Eigelbe mit der Sahne verquirlen, mit Salz und Pfeffer würzen. Die Eiweiße schnittfest schlagen. Etwa ein Drittel davon unter die Eigelbe rühren, bis die Masse schaumig ist, das restliche Eiweiß vorsichtig unterheben. In einer anderen Pfanne (Omelettepfanne) die restliche Butter erhitzen. Die Eimasse hineingeben und die Pfanne dabei leicht schwenken. Die Masse mit der Gabel von außen nach innen durchrühren. Sobald die Omelette gestockt ist, einige Sekunden ruhen lassen, damit die Masse im ganzen schneller fest wird. Omelette und Pilze sollten zur gleichen Zeit fertig sein. Die Pilze auf eine Omelettehälfte häufen, die andere Hälfte darüberschlagen und die Omelette sofort servieren.
Dazu paßt ein knackiger grüner Salat.

Variante: Die Füllung für die Omelette kann auch eine Duxelles sein, wie sie im Rezept Seite 127 beschrieben ist.

Kasha mit Pilzsauce

---
2 Tassen Buchweizengrütze (250 g)
---
3 Eßl. Sonnenblumenöl · 7 Tassen Wasser

½ Teel. Salz · 500 g gemischte Waldpilze
---
2 Möhren · 2 Zwiebeln
---
50 g Weizenvollkornmehl Type 1050
---
2 Eßl. Tamari (Sojasauce aus dem Reformhaus)

Öl für die Auflaufform

Zubereitungszeit: 1 Stunde 15 Minuten

Die Buchweizengrütze in einem Topf mit 1 Eßlöffel heißem Sonnenblumenöl unter dauerndem Rühren so lange anbraten, bis sie braun und nußartig ist.
5 Tassen Wasser und Salz zufügen und das Ganze zum Kochen bringen. Nun die Hitze reduzieren und 5 Minuten ziehen lassen; den Topf vom Herd nehmen und die Buchweizengrütze 15–20 Minuten ausquellen lassen.
Inzwischen die Pilze putzen, unter fließendem kaltem Wasser abspülen und in feine Scheiben schneiden.
Die Möhren ebenfalls putzen und würfeln.
Die Zwiebeln schälen und feinhacken.
1 Eßlöffel Sonnenblumenöl erhitzen, die Zwiebeln darin glasig braten. Die Pilze und die Möhren hinzu-

fügen und 8–10 Minuten mitdünsten, bis die Flüssigkeit fast verkocht ist.

Den Backofen auf 160 °C vorheizen.

In einem anderen Topf das restliche Sonnenblumenöl erhitzen, das Mehl darin unter ständigem Rühren leicht anrösten, 2 Tassen Wasser hinzufügen und zum Kochen bringen. Nun die gedünsteten Pilze und das Tamari hinzufügen. Sobald die Masse anfängt dick zu werden, bei schwacher Hitze noch 15 Minuten weiter ziehen lassen.

Eine Auflaufform mit Sonnenblumenöl einfetten. Die Kasha hineinfüllen, die Pilzsauce darüberziehen und 20 Minuten backen.

Ragout aus gemischten Pilzen

1 kg gemischte Pilze · 1 große Fleischtomate
1 Schalotte · 2 Eßl. Butter · 1 Scheibe
altbackenes Vollkornbrot · 1 Becher Sahne (200 g)
½ Glas Portwein oder Sherry · Salz
Pfeffer · einige Blättchen Majoran
1 Sträußchen frischer Kerbel

Zubereitungszeit: 1 Stunde 15 Minuten

Die Pilze putzen, kurz unter fließendem kaltem Wasser waschen und gut abtropfen lassen. Die Pilze in gleich große Stücke schneiden, kleine Pilze ganz lassen.

Die Tomate mit kochendem Wasser übergießen, enthäuten und in Stücke schneiden, den Stielansatz entfernen.

Die Schalotte schälen, feinhacken. Die Butter erhitzen, die Schalotte darin glasig braten. Die Pilze und die Tomatenstückchen hinzufügen. Das Vollkornbrot feinreiben und daruntermischen. Mit der Sahne und dem Portwein oder Sherry aufgießen, mit Salz und Pfeffer würzen. Zugedeckt 5 Minuten bei starker Hitze kochen, dann die Hitze reduzieren und das Ragout noch 20 Minuten ziehen lassen.

Die gewaschenen Kräuter feinhacken und vor dem Auftragen über die Pilze streuen.

Dazu paßt Polenta oder gedünsteter Reis.

Nudelauflauf mit Maronen

250 g Weizenvollkornnudeln · 500 g Maronen
1 Stange Porree/Lauch · 2 Möhren
3 Eßl. Sonnenblumenöl · Salz · Pfeffer
Sonnenblumenöl zum Einfetten der Form
2 Eier · 1 Becher saure Sahne (200 g)
100 g geriebener Emmentalerkäse · 1 Bund Petersilie

Zubereitungszeit: 55 Minuten

Die Nudeln in gesalzenem Wasser in etwa 15 Minuten weichkochen, auf ein Sieb gießen, abschrecken und abtropfen lassen.

Die Maronen putzen, waschen und blättrig schneiden.

Den Porree/Lauch waschen und in Ringe schneiden, die Möhren waschen, schaben und in Würfel schneiden.

Das Sonnenblumenöl erhitzen, die Gemüse darin anbraten, die Pilze dazugeben und 10 Minuten im eigenen Saft mitdünsten lassen. Mit Salz und Pfeffer würzen.

Den Backofen auf 175 °C vorheizen.

Eine Auflaufform mit Sonnenblumenöl einfetten. Die Pilze mit den Nudeln mischen und hineingeben. Die verquirlten Eier mit der Sahne, dem Emmentalerkäse und der gehackten Petersilie verrühren, mit Salz und Pfeffer abschmecken und darübergießen. Im vorgeheizten Backofen 30 Minuten lang überbacken.

Pilzauflauf

750 g Butterpilze · 1 große Zwiebel
2 Eßl. Olivenöl · 60 g Weizenvollkornmehl Type 1050
knapp ½ l Milch · ½ Teel. Salz
50 g Butter · frisch gemahlener Pfeffer
1 Messerspitze Muskat · 4 Eier
125 g geriebener Emmentalerkäse
Butter für die Auflaufform

Zubereitungszeit: 1 Stunde 25 Minuten

Die Pilze putzen, waschen und in Scheiben schneiden.

Die Zwiebel schälen und feinhacken.

Das Olivenöl erhitzen, die Zwiebel darin glasig braten. Die Pilze hinzufügen und 5 Minuten mitbraten lassen. Die Hitze reduzieren. Die Pilze mit 1 Eßlöffel Weizenvollkornmehl bestäuben und gut verrühren. ½ Tasse Milch aufgießen und weiterrühren, bis die Sauce gebunden ist. 1 Prise Salz dazugeben und vom Herd nehmen.

Das restliche Weizenvollkornmehl in einen anderen Topf geben, die restliche Milch dazugießen und mit einem Schneebesen unter Erhitzen solange rühren, bis sich das Mehl aufgelöst hat. Bei mittlerer Hitze ständig weiterrühren, bis eine dickliche Masse entsteht. Wenn sie anfängt zu kochen, vom Herd nehmen.

Die Butter einrühren, mit Salz, Pfeffer und Muskat würzen, die Eier nach und nach untermischen und zum Schluß 100 g von dem geriebenen Emmentaler zugeben.

Den Backofen auf 220 °C vorheizen. Eine Auflaufform mit Butter einfetten.

Die Hälfte der Käsemischung hineingeben, die Pilzmischung darauf verteilen und die andere Hälfte der Käsemischung darübergeben. Zum Schluß mit den restlichen 25 g Emmentalerkäse bestreuen. Auf die mittlere Schiene des Backofens schieben und 25 Minuten backen.

Piroggen mit Pilzfüllung

Für den Teig:

30 g Hefe · 1 gestrichener Teel. Meersalz

175 g zimmerwarme Milch · 70 g weiche Butter

2 Eier · 500 g Weizenvollkornmehl Type 1050

Butter für das Blech · etwas Mehl

Für die Füllung:

500 g geputzte gemischte Waldpilze

2 Scheiben altbackenes Vollkornbrot

1 Zwiebel · 1 Knoblauchzehe

3 Eßl. Butter · Salz · Pfeffer

je 1 Bund Dill und Petersilie

Zum Bestreichen: 1 Eigelb · 1 Eßl. Wasser

Zubereitungszeit: 1 Stunde 15 Minuten
Ruhezeiten für den Teig: 50–60 Minuten und 30 Minuten

Die Hefe und das Salz in der Milch auflösen.
Die Butter mit den Eiern verrühren.
Das Mehl abwechselnd mit der Hefemilch unterarbeiten. Den Teig mit dem Handrührgerät so lange kneten, bis er sich von der Schüssel löst. Etwa 60 Mi-

nuten zugedeckt an einem kühlen Platz gehen lassen. In der Zwischenzeit die geputzten Pilze feinhacken. Das Vollkornbrot feinreiben. Die Zwiebel und die Knoblauchzehe schälen, feinhacken. Die Butter erhitzen, die Zwiebel und den Knoblauch darin glasig braten. Die Pilze und das geriebene Vollkornbrot dazugeben und mit Salz und Pfeffer würzen. Den Dill und die Petersilie waschen und feinhacken und zu den Pilzen geben; das Ganze bei schwacher Hitze 20–30 Minuten dünsten, bis der austretende Saft verkocht ist. Den gut gegangenen Hefeteig kurz kneten und auf einem bemehlten Backbrett ½ cm dick ausrollen. Runde Plätzchen von 10 cm Durchmesser ausstechen und die Pilzfüllung in kleinen Häufchen darauf verteilen. Die Piroggen zusammenklappen und die Teigränder fest zusammendrücken. Die Ränder im Abstand von 1½ cm kurz einschneiden und die dadurch entstandenen Zacken jeweils schräg nach oben festdrücken, so daß ein girlandenförmiger Saum entsteht. Die Piroggen auf ein gefettetes, bemehltes Backblech legen und noch einmal 30 Minuten gehen lassen. Das Eigelb mit 1 Eßlöffel Wasser verschlagen und die Piroggen damit bestreichen. Auf der zweituntersten Schiene in den kalten Backofen schieben und bei 200 °C in 30 Minuten goldbraun backen.

Duxelles

Die Duxelles ist eine klassische Zubereitung der französischen Küche. Sie wird als Füllung, Beilage zu Fleischgerichten und zum Verfeinern von Suppen und Saucen verwendet. Durch die Kombination von verschiedenen feinen Pilzsorten entstehen immer wieder neue Variationen.

1 Zwiebel · 1 Schalotte · 125 g Pilze

(nach dem Putzen gewogen) (Wiesenchampignon, Waldchampignon, Schafchampignon, Reifpilz, Rotkappe, Butterpilz, Marone, Frauentäubling, Stockschwämmchen) · 40 g Butter

60 g gekochter Schinken · 2 Eßl. Tomatenmark

Salz · frisch gemahlener Pfeffer

Zubereitungszeit: 45 Minuten

Die Zwiebel und Schalotte schälen und feinhacken. Die Pilze putzen, kurz in kaltem Wasser waschen und feinhacken. Die Stiele können mitverwendet werden, soweit sie nicht wässrig oder zähfaserig sind.

Die Butter erhitzen, die Zwiebel und die Schalotte darin glasig braten. Die Pilze dazugeben und 10 Minuten mitdünsten. Den Schinken feinschneiden und mit dem Tomatenmark daruntermischen. Unter Rühren bei schwacher Hitze so lange einkochen, bis die Flüssigkeit verdampft ist. Mit Salz und Pfeffer würzen.

Variante: Wenn man den Schinken wegläßt, entsteht eine sogenannte »magere« Duxelles. Man kann sie auch mit einer kleinen zerdrückten Knoblauchzehe, Petersilie, Dill oder Majoran würzen.

Mein Tip

Eine Duxelles aus den Stielen von Steinpilzen oder Maronen bereiten und die leicht angebratenen Pilzköpfe damit füllen. Mit Semmelbröseln bestreuen, mit Olivenöl beträufeln und im vorgeheizten Backofen bei 220 °C 10–12 Minuten überbacken.

Kalbsrouladen mit Pilzfüllung

250 g frische Waldpilze · 250 g Blattspinat
1 Bund Petersilie · 2–3 Zweige Basilikum
150 g Parmaschinken · 1 Ei · Salz · Pfeffer
geriebene Muskatnuß · 4 Kalbsrouladen
40 g Butter · 8 kleine Zwiebeln · 1 Bund Möhren
¼ l Weißwein · ½ Teel. getrockneter Thymian
½ Teel. getrockneter Rosmarin · 1 Lorbeerblatt

Zubereitungszeit: 1 Stunde 30 Minuten

Die Pilze putzen, kurz in kaltem Wasser waschen und in dünne Scheiben schneiden.
Den Blattspinat verlesen, waschen und 2 Minuten in kochendem Wasser blanchieren. Auf einem Sieb abtropfen lassen, die Flüssigkeit gut ausdrücken.
Die Petersilie und das Basilikum waschen und feinhacken. Die Pilze, den Spinat und die frischen Kräuter mit dem feingehackten Parmaschinken und dem Ei vermischen, mit Salz, Pfeffer und Muskat würzen.
Die Kalbsrouladen mit der Mischung bestreichen, zusammenrollen und mit Rouladenklammern oder Zwirn zusammenhalten. Leicht salzen und pfeffern.
Die Zwiebeln und die Möhren schälen.
In einem Schmortopf die Butter erhitzen, die ganzen

Zwiebeln und die Möhren hineingeben, die Rouladen dazulegen und in 15–20 Minuten rundherum anbraten. Den Weißwein zugießen, mit dem Thymian, dem Rosmarin, dem Lorbeerblatt, Pfeffer und Salz würzen. Zugedeckt bei mittlerer Hitze 20–25 Minuten schmoren, eventuell noch etwas Wasser nachgießen. Vor dem Anrichten das Lorbeerblatt herausnehmen. Dazu passen grüne Erbsen oder Spinat und Reis.

Variante: Mit getrockneten Pilzen kann man diese besonders feinen Rouladen das ganze Jahr über zubereiten. 50 g Trockenpilze (Steinpilze, Maronen) müssen dann 2 Stunden in kaltem Wasser eingeweicht werden. Das Pilzwasser mitverwenden.

Pilzrührei

Wenn man auf einem Spaziergang so ganz nebenbei ein paar Pilze findet, so reicht das schon für diesen kleinen Imbiß. Pilzrührei ist schnell zubereitet. Man kann den Eigengeschmack einzelner Pilzsorten hier gut ausprobieren, denn sie werden nur kurz gebraten und verändern ihr Aussehen dabei kaum. Mit milden Täublingen zubereitet, ist Pilzrührei für Kinder ein »Lieblingsessen«.

Rezept für 1 Person

etwa 50 g Pilze · 1 Eßl. Butter · Salz · 2 Eier
1 Eßl. Wasser · 1 Eßl. Schnittlauchröllchen

Zubereitungszeit: 10 Minuten

Die Pilze putzen, waschen und in Scheiben schneiden.
In einer Pfanne die Butter erhitzen, die Pilze darin 2–3 Minuten unter Rühren braten, leicht salzen.
In einer Schüssel die Eier mit dem Wasser und 1 Prise Salz verquirlen, über die Pilze gießen und mit einer Gabel durchrühren, bis das Rührei flockig gestockt ist. Mit Schnittlauch bestreuen und sofort servieren. Dazu paßt kerniges Bauernbrot.

Der Imbiß –
für den kleinen Appetit

Überbackene Klettenstengel

Die Klettenstengel werden im Frühsommer gesammelt, wenn sie nicht höher als 1 m sind und bevor sich die Blütenansätze entwickeln, denn danach verholzen sie. Die Blätter und den oberen dünnen Teil entfernen. Um die harte Rinde der Stengel aufzuweichen, legt man sie über Nacht in Salzwasser. Dann werden sie geschält wie Rhabarber, nur dicker. Was übrigbleibt, das Stengelmark, ist etwa ½ cm dick und hat einen Nußgeschmack.

500 g eingeweichte und geschälte Klettenstengel
(dafür braucht man 10–12 kräftige Pflanzen)
1 kleine Zwiebel · 80 g Butter
3 Eßl. fettarmes Sojamehl · ½ l Milch
Salz · weißer Pfeffer · 1 Prise getrockneter Thymian
geriebene Muskatnuß · 1 Lorbeerblatt
Butter für die Form
100 g geriebener Emmentalerkäse
1 Scheibe altbackenes geriebenes Vollkornbrot

Zubereitungszeit: etwa 1 Stunde 30 Minuten
Einweichzeit: 12 Stunden

Die vorbereiteten Klettenstengel in 6 cm lange Stücke schneiden und 45–60 Minuten lang in reichlich Wasser weichkochen.
Die Zwiebel schälen und feinhacken.
In einem Topf 30 g Butter schmelzen und aufschäumen lassen. Die Zwiebel zufügen und glasig braten, dann das Sojamehl einrühren und ein paar Minuten anschwitzen. Die Milch in einem anderen Topf erhitzen, nach und nach zugießen und kräftig mit dem Schneebesen schlagen, bis die Sauce cremig ist. Mit Salz, weißem Pfeffer, Thymian und Muskat würzen und das Lorbeerblatt hineingeben. Die Sauce bei schwacher Hitze 15–20 Minuten kochen lassen. Vom Herd nehmen und das Lorbeerblatt entfernen.
Wenn die Klettenstengel gargekocht sind, den Backofen auf 175 °C vorheizen.
Eine feuerfeste Form mit Butter einfetten. Ein Drittel der Klettenstengel in die Form geben, mit einem Drittel des geriebenen Emmentalers bestreuen und ein Drittel der Sauce darübergießen. In der gleichen Reihenfolge weitere Schichten übereinander geben. Die restliche Butter mit dem geriebenen Vollkornbrot verrühren und über der letzten Schicht verteilen. Im vorgeheizten Backofen in etwa 15–20 Minuten überbacken; die Oberfläche soll schön gebräunt sein.

Bärlauch mit Camembert

Gerade dann, wenn einen nach dem langen Winter die Lust ankommt, wieder einmal im Freien zu sitzen und zu schlemmen, ist die beste Erntezeit für Bärlauch. Man braucht nicht lange zu suchen, um ihn zu finden, und kann beim Suchen immer der Nase nachgehen. Der kräftige Lauchgeruch ist nämlich unverkennbar. In vielen Anlagen und Parks wächst Bärlauch in großen Mengen und kann gleich für das Picknick herangezogen werden. Mit ein paar Bärlauchblättern, die man in einem sauberen Bach waschen kann, kriegt ein »Obazta«, wie man in Bayern sagt, erst den richtigen Pfiff.

75 g weiche Butter · 200 g Camembertkäse
2–3 Frühlingszwiebeln · 1 Teel. edelsüßes
Paprikapulver · 1 Handvoll Bärlauchblätter

Zubereitungszeit: 10 Minuten

Die Butter cremig rühren, den reifen, aber nicht überreifen Camembert mit einer Gabel zerdrücken und mit der Butter vermischen.
Die Frühlingszwiebeln schälen und feinhacken (etwas gehackten Zwiebellauch mitverwenden), zusammen mit dem Paprikapulver in die Butter-Käse-Mischung rühren.
Die Bärlauchblätter waschen, abtropfen lassen, feinhacken und zum Schluß untermischen.
Dazu passen frisches Vollkornbrot und Radieschen.

Variante: Statt mit Camembert sollten Sie das Rezept einmal mit Schafkäse probieren. Dann entfällt das Paprikapulver, und Sie geben statt dessen 50 g gehackte Walnüsse und ½ Becher Sahne (100 g) zu.

Blumenkohl mit Minze

1 mittelgroßer Blumenkohl · 1 kleines Sträußchen
frische Minze · 1 Knoblauchzehe · ½ Tasse Olivenöl
6 Eßl. Weinessig · Salz · frisch gemahlener Pfeffer

Zubereitungszeit: 20 Minuten
Marinierzeit: 1 Stunde

Den Blumenkohl waschen, in Röschen zerpflücken
und in 5 Minuten knackig kochen.
Die Minze waschen, abtropfen lassen, die Blätter von
den Stielen zupfen und feinhacken.
Die Knoblauchzehe schälen und feinhacken.
Die warmen Blumenkohlröschen auf eine Platte oder
in eine Salatschüssel legen, die feingehackte Minze
und den Knoblauch darüberstreuen und das Olivenöl
darübergießen. Eine Stunde lang im Kühlschrank
durchziehen lassen.
Danach den Essig darübergießen, salzen und pfeffern. Die Blumenkohlröschen abtropfen lassen und
als Vorspeise oder als Salat zu Fleischgerichten servieren. Blumenkohl mit Minze kann auch auf einer
kalten Gemüse- oder Vorspeisenplatte zusammen mit
anderen Gemüsen angerichtet werden.

Gebackene Wildkräuter mit Sojasauce

100 g Weizenvollkornmehl Type 1050
knapp ¼ l kaltes Wasser · ½ Teel. Meersalz
1 Ei · 250 g gemischte Wildkräuter wie
Grün der Wilden Möhre, Brunnenkresse, Giersch,
Pastinakgrün, Wiesenkerbel
Pflanzenöl zum Ausbacken · Mehl zum Bestäuben
4 Eßl. Tamari (Sojasauce aus dem Reformhaus)

Zubereitungszeit: 45 Minuten

Das Weizenmehl mit dem Wasser, dem Salz und dem
Ei zu einem glatten Teig verrühren. 15 Minuten quel-
len lassen.
Die Kräuter waschen und abtropfen lassen, am be-
sten in der Salatschleuder trocknen.
Das Öl in einer Friteuse oder einem Topf erhitzen.
Die Kräuter an den Stengeln zu kleinen Sträußchen
zusammenfassen.
Die Kräutersträußchen an den Stielen fassen, mit

Mehl leicht bestäuben und nacheinander in den Teig
tauchen. In Öl schwimmend herausbacken, bis sie
goldgelb sind. Sofort heiß servieren. Die Sojasauce in
Schüsselchen dazureichen.

Blätterteigtaschen mit Kräutern

500 g tiefgefrorener Blätterteig
500 g gemischte grüne Wiesenkräuter (z. B. Bärlauch,
Beinwell, Wiesenbärenklau, Brennesseln, Giersch,
Sauerampfer, Wiesenschaumkraut, Wiesenkerbel)
1 große Zwiebel · 2 Eßl. Öl
200 g Hackfleisch · 1 Prise scharfes Paprikapulver
1 Prise Pfeffer · Salz · 2 Eier · 2 gestrichene Eßl.
Arrow-root-Mehl (aus dem Reformhaus) · 1 Eigelb

Zubereitungszeit: 1 Stunde 10 Minuten

Den Blätterteig auftauen.
Die Kräuter gründlich waschen, die Blätter von den
Stengeln zupfen (bei den Brennesseln Gummihand-
schuhe anziehen).
In einem großen Topf 2 l Wasser zum Kochen bringen, die Blätter hineingeben und 2 Minuten kochen.
Auf ein Sieb gießen und abtropfen lassen; die Flüs-
sigkeit gut ausdrücken und das Gemüse feinhacken
oder im Mixer pürieren.
Die Zwiebel schälen und feinhacken.
Das Öl erhitzen, die Zwiebel darin glasig braten, das
Hackfleisch zufügen und unter mehrmaligem Wenden durchbraten lassen. Mit Paprika, Pfeffer und Salz
würzen.
Das Blattgemüse mit den Eiern und dem Arrow-root
vermischen, die Hackfleisch-Zwiebelmischung unterrühren und noch einmal mit Pfeffer und Salz abschmecken.
Den Backofen auf 200 °C vorheizen.
Den aufgetauten Blätterteig in 15 × 15 cm große
Quadrate schneiden. In die Mitte jedes Quadrates
2 Eßlöffel von der Füllung geben, die Ränder mit Eigelb bestreichen und den Teig zu Taschen oder Päckchen zusammenfalten. Die Ränder gut andrücken.
Ein Backblech mit kaltem Wasser abspülen, die Blät-
terteigtaschen darauflegen und mit Eigelb bestreichen. Auf die mittlere Schiene des vorgeheizten Backofens schieben und 30 Minuten backen.

Variante: Anstelle von Hackfleisch geriebenen Emmentalerkäse in die Füllung geben.

Kräuterpfannkuchen

Kräuterpfannkuchen schmecken mit Wildkräutern besonders gut. Die Kräuter kann man je nach Fund variieren und dabei selbst herausfinden, welche Zusammenstellung man am liebsten mag.

250 g Weizenvollkornmehl Type 1050
150 g Buchweizenmehl · 1 Eßl. fettarmes Sojamehl
⅜ l Milch · gut ¼ l kohlensäurereiches Mineralwasser · 4 Eigelbe · 100 g geriebener Emmentalerkäse
1 Prise Kräutersalz · 4 Eßl. feingehackte frische Wildkräuter (z. B. Brennesseln, Giersch, Vogelknöterich, Bärlauch, Sauerampfer, Wiesenkerbel, Wiesenbärenklau, Grün der Wilden Möhre, Pastinakgrün) · 4 Eiweiße
Butter oder Margarine zum Backen

Zubereitungszeit: 40 Minuten
Quellzeit: 1 Stunde

Das Weizenmehl, das Buchweizenmehl und das Sojamehl miteinander vermischen. Die Milch, das Mineralwasser und die Eigelbe unterrühren. Den Teig 1 Stunde zum Ausquellen stehen lassen.
Den Emmentaler in den Teig rühren. Mit Kräutersalz würzen.
Die feingehackten Wildkräuter daruntermischen.
Die Eiweiße sehr steif schlagen und unterheben.
In einer Pfanne etwas Butter oder Margarine zerlaufen lassen und darin bei mittlerer Hitze hellbraune Pfannkuchen backen. Gleich servieren.
Dazu passen grüner Salat und Tomaten.

Brennesselring

1 kg Brennesseln · 3 Stangen Bleichsellerie
1 Paprikaschote · 1 kleine Zwiebel
2 Eßl. Sonnenblumenöl · 2 Scheiben Vollkornbrot
75 g gemahlene Haselnußkerne · 2 Eier
1 Teel. Zitronensaft · geriebene Muskatnuß
Salz · Öl zum Einfetten der Reisrandform
3 Eßl. Weizenkeime

Zubereitungszeit: 1 Stunde 15 Minuten

Die Brennesseln gründlich waschen und abtropfen lassen, die Blätter von den Stengeln zupfen (dabei Gummihandschuhe anziehen).
In einem großen Topf reichlich Wasser zum Kochen bringen, die Blätter darin 2 Minuten blanchieren. Auf ein Sieb geben und abtropfen lassen, die Flüssigkeit gut herausdrücken, die Blätter feinhacken.
Den Sellerie und die Paprikaschote putzen, waschen und in schmale Streifen schneiden.
Die Zwiebel schälen und feinhacken.
In einem mittelgroßen Topf das Sonnenblumenöl erhitzen und die Zwiebel darin glasig braten. Den Bleichsellerie und die Paprikaschote zugeben und einige Minuten mitbraten lassen, dann die Brennesseln untermischen. Das Vollkornbrot in kleine Stücke brechen, mit den Händen zerkrümeln und zu dem Gemüse geben, ebenso die gemahlenen Haselnüsse und die verquirlten Eier. Mit dem Zitronensaft, dem Muskat und Salz würzen.
Den Backofen auf 220 °C vorheizen.
Eine Reisrandform von etwa 24 cm Durchmesser mit Öl einfetten und gleichmäßig mit Weizenkeimen ausstreuen. Die Brennesselmasse einfüllen. Den Brennesselring in einen Topf stellen, der bis zu zwei Dritteln der Höhe der Reisrandform mit kochendem Wasser gefüllt ist, und im Backofen 40 Minuten garen.
Danach vorsichtig aus der Form lösen und auf eine vorgewärmte Platte stürzen.

Variante: Beinwellblätter anstelle der Brennesseln für den Ring verwenden.

Mein Tip

Das Blanchierwasser von den Brennesseln auffangen. Sie haben damit ein Getränk, das ausschwemmend und entschlackend wirkt und kalt getrunken sehr erfrischend schmeckt.

Marinierte Zucchini mit Minze

500 g Zucchini · 4 Eßl. Olivenöl
1 Knoblauchzehe · 1 kleine Zwiebel
1 kleines Sträußchen Minze
½ Tasse Rotweinessig · Salz

Zubereitungszeit: 30 Minuten
Kühlzeit: 1–2 Stunden

Die Zucchini waschen und in dünne Scheiben schneiden.
Das Olivenöl in einer Pfanne erhitzen, die Zucchinischeiben hineingeben und von beiden Seiten braten, bis sie gar und leicht gebräunt sind. In eine Schüssel geben und abkühlen lassen.
Die Knoblauchzehe und die Zwiebel schälen und feinhacken. Die gewaschenen Minzeblätter von den Stengeln zupfen und feinhacken. Alle Zutaten zusammen mit dem Essig unter die Zucchini mischen, salzen und zugedeckt 1–2 Stunden im Kühlschrank durchziehen lassen.

Pizza mit frischem Dost

Nicht nur am Mittelmeer gedeiht der wilde Oregano, auch bei uns findet man an sonnigen Berghängen und Waldrändern den Dost (Origanum vulgare), ein Kräutlein mit »südlichem« Aroma. Ein Sträußchen davon in einem italienischen Gericht kann die ganze Familie in Ferienstimmung bringen.

½ Teel. Koriander · ½ Teel. Kümmel
250 g Weizenvollkornmehl Type 1050 · 15 g Hefe
½ Teel. Meersalz · 160 g Sauermilch
6 Eßl. Olivenöl · 2 mittelgroße Zwiebeln
1–2 Knoblauchzehen · 1 kleines Sträußchen Dost
Kräutersalz · ¼ Teel. frisch gemahlener
schwarzer Pfeffer · Fett für die Form
250 g Mozzarella · 300 g kleine, feste Tomaten
½ Tasse grüne Oliven

Zubereitungszeit: 1 Stunde 50 Minuten
Backzeit: 40 Minuten

Den Koriander und den Kümmel im Mörser zerstoßen. Das Mehl mit den Gewürzen vermischen. In eine Schüssel schütten und in die Mitte eine Vertiefung drücken. Die Hefe und das Salz in der zimmerwar-

men Buttermilch auflösen. Die Mischung zum Mehl gießen und leicht verrühren. 3 Eßlöffel Olivenöl dazugeben. Den Teig in der Küchenmaschine so lange kneten, bis er sich vom Schüsselrand löst. Zugedeckt bis zur doppelten Größe gehen lassen. Inzwischen die Zwiebeln schälen und feinhacken, die Knoblauchzehen schälen und auspressen.
Die gewaschenen Dostblättchen von den Stielen zupfen und feinhacken. Mit 3 Eßlöffeln Olivenöl, ½ Teelöffel Salz, Pfeffer, den Zwiebelwürfeln und dem Knoblauchmus mischen und zugedeckt ziehen lassen, bis der Teig gegangen ist.
Eine Pizzaform von 26–28 cm Durchmesser einfetten. Den Teig nochmals kneten, dann ausrollen und die Form damit auslegen.
Den Mozzarella in dünne Scheiben schneiden und die Hälfte davon auf dem Teigboden verteilen. Die Dostmischung darübergeben. Die Tomaten in dicke Scheiben schneiden und auf der Pizza anordnen, mit etwas Kräutersalz bestreuen. Den übrigen Mozzarella dazwischenlegen. Mit den Oliven garnieren.
Die Pizza dann auf der mittleren Schiene in den noch kalten Backofen schieben und bei 200 °C etwa 40 Minuten backen.

Zwiebeleierkuchen mit Wildkräutern

1 Handvoll Bärlauchblätter · 1 Handvoll Giersch
3–4 Stengel Dost oder Quendel (oder 1 Teel.
getrockneter Thymian) · 1 Zwiebel · 1 Schalotte
3 Eßl. Olivenöl · 6 Eier · Salz
frisch gemahlener schwarzer Pfeffer

Zubereitungszeit: 30 Minuten

Die Kräuter waschen, abtropfen lassen, Bärlauch und Giersch feinhacken, die Dost- oder Quendelblättchen von den Stengeln zupfen.
Die Zwiebel und die Schalotte schälen und hacken. In einer großen Pfanne das Olivenöl erhitzen und die Zwiebeln darin glasig braten. Die Kräuter zugeben und unter Rühren einige Minuten mitbraten.
Die Eier mit Salz und Pfeffer verquirlen. Die Zwiebeln und Kräuter gleichmäßig auf dem Pfannenboden verteilen. Die Eier darübergießen und zugedeckt bei schwacher Hitze 10–12 Minuten backen, bis die Oberfläche fest ist. Dann vorsichtig umdrehen und auf der anderen Seite ebenfalls goldbraun backen.

Quarkküchlein mit frischen Wildkräutern

2 Zwiebeln · 2 Handvoll frische Wildkräuter
(z. B. Bärlauch, Brennesseln, Brunnenkresse,
Giersch, Sauerampfer, Wiesenkerbel,
Pastinakgrün, Grün der Wilden Möhre)
500 g Quark (20%) · 4 Eier
¼ Teel. Meersalz · 100 g Vollweizengrieß
Pflanzenmargarine oder Sonnenblumenöl zum
Ausbacken

Zubereitungszeit: 40 Minuten
Quellzeit: 15 Minuten

Die Zwiebeln schälen und feinreiben.
Die Kräuter gründlich waschen, von groben Stielen
befreien und feinhacken.
Den Quark mit den Zwiebeln, den Kräutern, den Eiern, dem Salz und dem Grieß verrühren. 15 Minuten
quellen lassen.
In einer beschichteten Pfanne etwas Fett erhitzen, aus
jeweils 1 Eßlöffel der Quarkmasse ein kleines, etwa
1 cm dickes Küchlein formen und auf beiden Seiten
knusprig braten.
Dazu paßt ein frischer Salat oder Gemüse.

Wildkräuteromelette

Rezept für 1 Person

1–2 Handvoll gemischte Kräuter (z. B. Bärlauch,
Beinwell, Brennesseln, Brunnenkresse, Dost,
Giersch, Knoblauchsrauke, Quendel, Sauerampfer,
Wiesenkerbel, Wiesensalbei, Vogelmiere)
3 Eier · 2 Eßl. Sahne · Salz · Pfeffer · 1 Eßl. Butter

Zubereitungszeit: 15 Minuten

Die Kräuter waschen, abtropfen lassen, die harten
Stengel entfernen und die Blätter je nach Größe ganz
lassen oder feinhacken.
Die Eier mit der Sahne und den gehackten Kräutern
in eine Schüssel geben, mit einer Gabel kurz durchschlagen, so daß Eigelb und Eiweiß vermischt sind,
das Eiweiß aber noch zähflüssig bleibt. Mit Salz und
Pfeffer nach Geschmack würzen.
Die Butter in einer Pfanne erhitzen bis sie schäumt,
die Hitze reduzieren und die Eimasse hineingießen.

Die Pfanne dabei leicht schwenken, damit sich die
Masse gleichmäßig auf dem Pfannenboden verteilt.
Mit einer Gabel von außen nach innen durchrühren.
Wenn die Omelette gerade gestockt ist, noch kurz auf
dem Herd stehen lassen, ohne umzurühren.
Die Pfanne vom Herd nehmen, die Omelette mit der
Gabel einrollen und auf eine vorgewärmte Platte glei-
ten lassen.

Mein Tip
Bärlauch und Sauerampfer schmecken auch gut
als »Singles«. Kräuter, die beim Kochen bitter
werden, wie Spitzwegerich oder Löwenzahn, eignen sich für dieses Rezept nicht.

Maisbrot mit Pastinaksamen

200 g Maismehl · 50 g Weizenvollkornmehl Type 1050
3 Teel. Backpulver · 1 Teel. Meersalz · 1 Ei
1 Eßl. Honig oder brauner Zucker · 2 Eßl. Sonnenblumenöl · ⅜ l Milch · 2 Eßl. Pastinaksamen

Zubereitungszeit: 20 Minuten
Backzeit: 20–25 Minuten

Den Backofen auf 250 °C vorheizen.
In einer Backschüssel das Maismehl mit dem Weizen-
mehl, dem Backpulver und dem Salz vermischen. Das
leicht verquirlte Ei mit dem Honig oder Zucker ver-
rühren, das Öl und die Milch hinzufügen und mit der
Mehlmischung zu einem glatten Teig verarbeiten.
Die Pastinaksamen im Mörser fein zerstoßen und
daruntermischen.
Eine kleine Kastenform mit Öl einfetten, den Teig
hineinfüllen und glattstreichen. Auf der untersten
Schiene des Backofens 20–25 Minuten backen.
Auf einem Kuchengitter etwas abkühlen lassen und
warm servieren.
Dazu paßt ein frischer Sommersalat.

Desserts und Kuchen – wie gewachsen

Kaffeegelee

---
2 Tassen Wasser · 2 Eßl. Löwenzahnkaffee

(Rezept Seite 61) · 2 Tassen Apfelsaft

Salz · 30 g Rosinen · zerstoßene Samen
---
aus 5 Kardamomkapseln · abgeriebene Schale
---
von 1 Orange (unbehandelt)
---
2 Eßl. Arrow-root-Mehl (aus dem Reformhaus)
---
2 Eßl. Mandelstifte

Zubereitungszeit: 30 Minuten

2 Tassen Wasser mit dem Löwenzahnkaffee 5 Minuten sprudelnd kochen lassen, abseihen. Den Löwenzahnkaffee mit dem Apfelsaft, Salz, den gewaschenen Rosinen, den Kardamomsamen und der abgeriebenen Orangenschale 10 Minuten kochen lassen.
Das Arrow-root in 5 Eßlöffeln lauwarmem Wasser auflösen und dazugeben. Unter ständigem Rühren bei schwacher Hitze bis zum Dickwerden weiter kochen.
Das Dessert kann je nach Geschmack warm oder kalt gegessen werden. Die Mandelstifte in einer trockenen Pfanne goldgelb rösten und vor dem Servieren darüberstreuen.

Hollermus

---
500 g Holunderbeeren · 250 g Zwetschgen
---
250 g Birnen · ¼ l Wasser
---
50 g Schwarzbrotrinde · 6 Gewürznelken
---
1 Zimtstange · 3 Eßl. Zuckerrübensirup

Zubereitungszeit: 1 Stunde

Die Holunderbeeren waschen und abtropfen lassen, von den Dolden zupfen. Nur vollreife, durch und durch schwarze Beeren verwenden. Die Zwetschgen waschen, halbieren und entkernen, die Birnen schälen, vierteln und das Kerngehäuse herausschneiden. Die Früchte mit ¼ l Wasser in einem großen Topf aufsetzen und zum Kochen bringen. Die Schwarzbrotrinde in kleine Würfel schneiden und zugeben. Die Gewürznelken, die Zimtstange und den Zuckerrübensirup zufügen und das Ganze zugedeckt bei schwacher Hitze etwa 45 Minuten lang zu Mus kochen. Öfters umrühren und darauf achten, daß sich die Früchte nicht am Boden des Topfes ansetzen.
Man ißt das Hollermus warm zu Mehlspeisen wie Palatschinken, Kaiserschmarrn, Arme Ritter, Grießauflauf oder mit Schlagsahne als Nachspeise. Sofort nach dem Kochen in saubere Gläser gefüllt und luftdicht verschlossen, kann man es auch als Brotaufstrich aufheben oder zwischen Teig und Streusel von Streuselkuchen streichen.

Schlehendessert

---
4 Blatt rote Gelatine · 2 Eiweiße
---
40 g brauner Zucker · 6 Eßl. Apfelmus

Saft von 1 Zitrone · 6 Eßl. Flüssigkeit von
---
pikant eingelegten Schlehen (Rezept Seite 91)
---
1 Becher Sahne (250 g) · ¼ Teel. gemahlene Vanille
---
6 Eßl. pikant eingelegte Schlehen

Zubereitungszeit: 45 Minuten
Kühlzeit: 1 Stunde

Die Gelatine in kaltem Wasser einweichen.
Die Eiweiße in einer Schüssel steifschlagen. Den braunen Zucker nach und nach hineinrieseln lassen. Das Apfelmus und den Zitronensaft daruntermischen. Die Gelatine ausdrücken. In einem kleinen Topf die Schlehenflüssigkeit erhitzen, die Gelatine darin auflösen. Vom Herd nehmen und abkühlen lassen. Unter Rühren in die Eiweiß-Apfelmusmasse geben. In eine Glasschüssel oder in Portionsgläser füllen und 1 Stunde zum Erstarren in den Kühlschrank stellen.
Kurz vor dem Servieren die Sahne mit der gemahlenen Vanille steifschlagen. Auf das erstarrte Dessert geben und die eingelegten Schlehen darauf verteilen.

Javanischer Fruchtsalat mit Pfefferminze

4 Bananen · Saft von 3 Zitronen · 100 g Mandeln

½ Ananas · 1 Avocado · 1 Papaya · 1 Mango

1 Handvoll frische Pfefferminze

1 Becher Joghurt (175 g) · 6 Eßl. Mayonnaise

3 Eßl. Zitronenmarmelade

Zubereitungszeit: 45 Minuten

Die Bananen schälen und den Zitronensaft darübergießen. 30 Minuten ziehen lassen.
Die Mandeln mit kochendheißem Wasser überbrühen, von den braunen Häutchen befreien und feinblättrig schneiden. Die durchgezogenen Bananen darin wälzen, so daß sie gleichmäßig mit Mandelblättchen überzogen sind.
Die Ananas, die Avocado, die Papaya und die Mango schälen und in Würfel schneiden. (Lösen sich die Schalen schlecht, die Frucht erst mit einem scharfen Messer am Kern entlang halbieren, das Fruchtfleisch gitterförmig einschneiden, die Schale nach innen stülpen und die nun herausstehenden Würfel von der Schale trennen.)
Die Bananen auf 4 Teller legen und die Fruchtwürfel darauf verteilen.
Die Pfefferminze waschen, abtropfen lassen und feinhacken, die Spitzen ganz lassen. Aus dem Joghurt, der Mayonnaise, der Zitronenmarmelade und der kleingeschnittenen Pfefferminze eine Marinade bereiten, über den Salat geben und mit den übrigen Pfefferminzespitzen garnieren.

Ahornmousse

3 Eier · 200 g Ahornsirup

1 Päckchen gemahlene weiße Gelatine

3 Eßl. kaltes Wasser · 1 Becher Sahne (200 g)

½ Vanilleschote

Zubereitungszeit: 25 Minuten
Kühlzeit: 1 Stunde 10 Minuten

Die Eier trennen. In einem Topf die Eigelbe mit dem Ahornsirup bei schwacher Hitze so lange rühren, bis die Masse cremig geworden ist. Vom Herd nehmen und abkühlen lassen.

Die Gelatine in dem kalten Wasser auflösen und 5 Minuten stehen lassen.
Inzwischen die Eiweiße steifschlagen und mit der abgekühlten Ahornsirup-Mischung verrühren. Die Sahne schlagen, bis sie leicht cremig wird. Die aufgelöste Gelatine tropfenweise einrühren.
Die Vanilleschote aufschneiden, das Mark mit einer Messerspitze herauskratzen, in die Sahne geben und weiter schlagen, bis die Sahne steif ist. Die Schlagsahne mit der Ahornsirup-Mischung verrühren. In eine Glasschüssel füllen und die Mousse für 1 Stunde in den Kühlschrank stellen. Vor dem Servieren für 10 Minuten ins Eisfach geben.

Gefüllte Pfirsiche mit Himbeersauce

4 reife, feste Pfirsiche · 1 Eßl. Butter

für die Form · 1 Glas Weißwein

100 g Himbeeren · 50 g milder Honig wie

Akazienhonig oder Lindenblütenhonig

1 Eßl. Kirschwasser · 200 g Doppelrahmfrischkäse

1 Eßl. Zitronensaft · abgeriebene Schale von

½ Orange (unbehandelt) · ¼ Teel. gemahlene Vanille

Zubereitungszeit: 40 Minuten

Den Backofen auf 220 °C vorheizen.
Die Pfirsiche mit kochendem Wasser überbrühen, die Haut abziehen, die Früchte halbieren und entkernen. Eine feuerfeste Form mit Butter ausstreichen, den Weißwein hineingießen und die Pfirsiche mit der Schnittfläche nach oben hineinsetzen. In den Backofen schieben und in etwa 20 Minuten weichdünsten. Unterdessen die Himbeeren waschen, abtropfen lassen und durch ein Sieb streichen. Das Fruchtmark mit dem Honig und dem Kirschwasser verfeinern. In den Kühlschrank stellen.
Den Doppelrahmfrischkäse mit dem Zitronensaft cremig rühren, mit der Orangenschale und der Vanille abschmecken. Die Creme in einen Spritzbeutel füllen.
Die Pfirsiche abkühlen lassen. In jede Kernmulde eine Creme-Rosette spritzen.
Die Himbeersauce auf 4 Dessertteller verteilen und je 2 Pfirsichhälften hineinsetzen.

Judenkirschen in Schokolade

Die Judenkirsche oder Laternenblume wird häufig wegen ihrer dekorativen roten Lampions für Trockensträuße angebaut. An Hecken und Uferböschungen trifft man sie wildwachsend. Jeder Lampion enthält eine saftige, orangefarbene Beere. In Italien stellt man daraus ein beliebtes Konfekt her.

20–30 Judenkirschen · 8 Eßl. Cognac
150 g Blockschokolade

Zubereitungszeit: 1 Stunde
Durchziehzeit: 1–2 Tage

Die Lampions (es sind eigentlich die Fruchtkelche) von frisch gepflückten, vollreifen Judenkirschen vorsichtig entlang der starken Linien öffnen. Die 5 Zipfel wie eine Blüte nach hinten klappen. Den Cognac in eine flache Schale gießen und die Beeren darin 1–2 Tage ziehen lassen. Stiele und Kelchblätter bleiben an den Beeren. Die Blockschokolade in kleine Stücke brechen und im Wasserbad schmelzen. Die Beeren hineintauchen, zum Trocknen auf ein Kuchengitter legen. Kühl aufbewahrt hält sich dieses außergewöhnliche Konfekt 2–3 Monate.

Variante: Man kann die Judenkirschen auch mit Schokolade überziehen, ohne sie vorher in Cognac zu legen. Sie halten sich dann nur 3–4 Wochen.

Waffeln mit Ahornsirup

Ein sonntägliches Brunch wird mit Waffeln erst so richtig gemütlich. Das Waffeleisen, ein Krug mit dem Teig und die übrigen Zutaten stehen auf dem Tisch. Jeder kann sich seine Waffeln selber backen und nach Lust und Laune bestreichen.

---

50 g Butter · 2 Eigelbe · 2 Eßl. Ahornsirup
1 Becher saure Sahne (200 g) · 1½ Tassen Milch
½ Teel. Salz · 200 g Weizenvollkornmehl Type 1050
2 Eßl. Arrow-root-Mehl (Pfeilwurzelmehl aus dem Reformhaus) · 2 Eiweiße
Butter für das Waffeleisen

Zubereitungszeit für den Teig: 15 Minuten
Ruhezeit: 1 Stunde

Die Butter zerlassen. Die Eigelbe mit dem Ahornsirup und der lauwarmen Butter verrühren. Die saure Sahne, die Milch, das Salz und zuletzt das mit Arrow-root vermischte Mehl unterrühren. Den Teig zugedeckt 1 Stunde ruhen lassen.
Die Eiweiße schnittfest schlagen und unter den Teig heben.
Das Waffeleisen auf Stufe 2½ vorheizen.
Das Eisen nur bei der ersten Waffel leicht mit Butter einpinseln. 2 Eßlöffel Teig auf die Backfläche geben und schnell etwas verteilen. Die Griffe des Eisens kurz zusammendrücken. Etwa 2½ Minuten backen, bis das Kontrollämpchen erlischt. Die Waffel auf den Teller legen, mit Ahornsirup begießen oder mit Sanddorn-Eiercreme (Rezept Seite 87) bestreichen und warm essen.
Wer auf Fleisch nicht verzichten möchte, mischt feine Streifen geschnittenen Schinken oder Frühstücksspeck unter den Teig. Dazu passen Ahornsirup und Sanddorncreme ebenfalls.

Holunderbeerenpie

Holunderbeeren eignen sich gut zum Trocknen und können so das ganze Jahr über verwendet werden. Reife Holunderdolden waschen, abtropfen lassen, die Beeren abzupfen und auf einem Stück Packpapier ausgebreitet in der Sonne trocknen lassen. Anschließend in Schraubdeckelgläser füllen.

Für den Teig:
100 g Sesam · 200 g Weizenvollkornmehl Type 1050
50 g kalte Pflanzenmargarine
100 g Zuckerrübensirup · 3 Eßl. Milch
Margarine zum Einfetten der Form
Für den Belag:
500 g Quark · 120 g Honig · 1 Ei · 2 Eßl. Milch
abgeriebene Schale von 1 Zitrone (unbehandelt)
2 Eßl. Zitronensaft · 100 g getrocknete Holunderbeeren

Zubereitungszeit: 1 Stunde 30 Minuten
Ruhezeit: 2 Stunden

Den Sesam in einer trockenen Pfanne unter Umwenden goldgelb rösten und abkühlen lassen. 3 Eßlöffel Sesam beiseite stellen, den Rest mit dem Mehl vermischen. Die Margarine in Stückchen schneiden und darüber verteilen. Mit den Händen zu feinen Flocken

verreiben. Den Zuckerrübensirup langsam hineinlaufen lassen, anschließend die Milch zugeben, dabei fortwährend mit einer Gabel untermischen, bis eine grobsandige Masse entsteht. Mit den Händen gut durchkneten und den Teig zu einer Kugel zusammenrollen. 2 Stunden zugedeckt kalt stellen.
Für den Belag den Quark mit dem Honig und dem Ei verrühren, die Milch, die abgeriebene Zitronenschale, den Zitronensaft und die Holunderbeeren daruntermischen.
Eine runde, flache Backform von 26 cm Durchmesser mit Margarine einfetten. Den gekühlten Teig gleichmäßig mit den Fingern hineindrücken, dabei einen etwa 3 cm hohen Rand stehen lassen. Den Boden in kleinen Abständen mit einer Gabel einstechen, damit er beim Backen nicht hochgetrieben wird. Die Quarkmasse darauf streichen, den zurückbehaltenen Sesam darüberstreuen. Die Pastete auf der mittleren Schiene in den kalten Backofen schieben und bei 175 °C 45–50 Minuten backen. Danach auf einem Kuchengitter abkühlen lassen und in der Form servieren.

Kornelkirschenauflauf

120 g warme Butter · 150 g Zuckerrübensirup
4 Eigelbe · ½ Teel. Zimt · 1 Teel. Kakao
2 Eßl. Kirschwasser · 60 g Haselnüsse
220 g altbackenes Vollkornbrot
100 g Weizenvollkornmehl Type 1050
600 g Kornelkirschen · 4 Eiweiße
Butter für die Form · 2 Eßl. in feine
Blättchen geschnittene Haselnüsse

Zubereitungszeit: 1 Stunde 30 Minuten

Die Butter mit dem Zuckerrübensirup und den Eigelben schaumig rühren. Mit dem Zimt, dem Kakao und dem Kirschwasser würzen.
Die Nüsse grobreiben oder hacken. Das altbackene Vollkornbrot in Stückchen zerbrechen und in der Mandelmühle zu gleichmäßigen Krumen mahlen.
Das Weizenmehl, die Nüsse und das gemahlene Brot mit der Butter-Sirupmischung verrühren. 20 Minuten ruhen lassen.
Inzwischen die Kornelkirschen entkernen.
Den Backofen auf 200 °C vorheizen.
Die Kirschen unter den Teig mischen. Die Eiweiße steifschlagen und unterziehen. Die Masse in eine gefettete Auflaufform füllen, glattstreichen und mit den Nüssen bestreuen. Die Form auf der untersten Schiene in den Backofen schieben. Den Auflauf 50 Minuten backen. Weitere 10 Minuten im ausgeschalteten Herd stehen lassen.

Himbeerbecher

250 g Quark (20%) · 5 Eßl. Sahne · 5 Eßl. Milch
2 Eßl. Honig · 1 Eßl. Zitronensaft
¼ Teel. gemahlene Vanille · 2 Eiweiße
1 große Banane · 300 g Himbeeren

Zubereitungszeit: 15 Minuten
Kühlzeit: 30 Minuten

Den Quark mit der Sahne, der Milch und dem Honig cremig rühren. Den Zitronensaft und die Vanille dazugeben. Die Eiweiße steifschlagen und unterheben. Die Banane in Scheiben schneiden.
Die Himbeeren und die Bananenscheiben abwechselnd mit der Quarkcreme in Gläser füllen. Mit ein paar schönen Himbeeren verzieren. Kühl servieren.

Veilchencremetorte

Für den Teig:
200 g Butter · 200 g Zucker · 3 Eier
½ Vanilleschote · 200 g Mehl
1 Päckchen Backpulver · 1 Prise Salz
Fett zum Einfetten der Form
Für die Creme:
2 Eigelbe · 100 g Veilchensirup (Rezept Seite 99)
1 Becher Sahne (200 g) · 1 Päckchen weißes
Gelatinepulver
Zum Verzieren:
einige Angelikastengel · 30 kandierte Veilchen
(Rezept Seite 99)

Zubereitungszeit: 2 Stunden

Die Butter mit dem Zucker schaumigrühren.
Die Eier trennen und die Eigelbe in die Butter rühren.
Die Vanilleschote aufschneiden, mit einer Messerspitze das Mark herauskratzen, zugeben.
Das Mehl, das Backpulver sowie das Salz vermischen und dazusieben. Alles gut verrühren.

Den Backofen auf 200 °C vorheizen.
Die Eiweiße steifschlagen und vorsichtig unter den Teig heben.
Eine Springform von 26 cm Durchmesser gut einfetten und mit etwas Mehl ausstreuen. Den Teig einfüllen, glattstreichen und auf der mittleren Schiene des vorgeheizten Backofens 25–30 Minuten backen. Anschließend auf eine Kuchenplatte stürzen und erkalten lassen.
Für die Creme die Eigelbe mit dem Veilchensirup unter ständigem Rühren im Wasserbad eindicken, vom Herd nehmen und abkühlen lassen.
Die Gelatine nach Anweisung auflösen.
Die Sahne schlagen, bis sie anfängt, steif zu werden, dann tropfenweise die aufgelöste Gelatine zufügen und die Sahne weiter schlagen, bis sie sehr steif ist.
Mit der Veilchensirupcreme verrühren.
Von dem Tortenboden einen Deckel abschneiden.
Die Creme auf den unteren Teil streichen, den Deckel wieder aufsetzen und die Torte mit der restlichen Creme rundherum bestreichen.
Mit kandierten Veilchen und Angelikastengeln verzieren und kalt stellen.

Walderdbeertorte

Für den Boden:

100 g weiche Butter · 100 g brauner Zucker

2 Eigelbe · 1 Eßl. Rum · 125 g Mandeln

125 g Weizenvollkornmehl Type 1050

Butter für die Form

Für den Belag:

750 g Walderdbeeren · ½ Eßl. milder Honig

(zum Beispiel Akazien- oder Lindenblütenhonig)

2 Eßl. Cointreau (Orangenlikör) · 300 g Sahne

1 Eßl. gehackte Haselnüsse

Zubereitungszeit: 1 Stunde 10 Minuten

Die Butter mit dem braunen Zucker, den Eigelben und dem Rum schaumigrühren. Die Mandeln feinmahlen und mit dem Mehl unter den Teig rühren. Eine Springform von 26 cm Durchmesser leicht einfetten. Den Teig in der Form verteilen, mit einem Löffel glattstreichen und dabei einen 3 cm hohen Rand formen. Den Teigboden mehrmals mit einer Gabel einstechen, damit die beim Backen entstehenden Gase entweichen können. 30 Minuten stehen lassen, damit das Mehl ausquellen kann. Den Kuchen auf

der mittleren Schiene in den kalten Backofen schieben und bei 200 °C 30–35 Minuten backen. Etwas abkühlen lassen und vorsichtig aus der Form nehmen. Die Walderdbeeren verlesen, kurz in kaltem Wasser waschen und abtropfen lassen. 250 g Beeren im Mixer pürieren, mit dem Honig und dem Orangenlikör verrühren und auf den Tortenboden streichen. 30 Minuten durchziehen lassen. Die Sahne steifschlagen, auf die Torte geben und die restlichen Erdbeeren darauf verteilen. Mit den gehackten Haselnüssen bestreuen.

Reistorte mit Beerenpüree

250 g Walderdbeeren · 500 g Himbeeren

1 Eßl. Honig · 2 Tassen brauner

Rundkornreis (250 g) · ¾ l Milch

abgeriebene Schale von 1 Zitrone (unbehandelt)

½ Teel. gemahlene Vanille · 75 g brauner Zucker

2 Eier · 50 g Rosinen · 50 g Walnüsse oder

Haselnüsse · Butter zum Einfetten der Form

Zubereitungszeit: 1 Stunde 15 Minuten

Die Beeren verlesen, kurz in kaltem Wasser waschen und abtropfen lassen. Einige besonders schöne Beeren beiseite legen, die übrigen mit einer Gabel zerdrücken oder im Mixer pürieren und durch ein feines Nylonsieb (kein Metallsieb) streichen. Das Püree nach Geschmack mit 1–2 Eßlöffeln Honig süßen. In den Kühlschrank stellen.
Den Reis in reichlich Salzwasser 15 Minuten kochen, abseihen und kalt überbrausen. Die Milch mit der abgeriebenen Zitronenschale und der gemahlenen Vanille aufkochen, den Reis dazugeben und bei schwacher Hitze so lange quellen lassen, bis alle Flüssigkeit verbraucht ist.
Den Backofen auf 200 °C vorheizen.
Vom Herd nehmen und den Zucker, die verquirlten Eier, die Rosinen und die grobgehackten Nüsse (einige zum Verzieren zurückbehalten) unterrühren.
Eine Springform von 26 cm Durchmesser mit Butter einfetten, den Reis hineinfüllen und im vorgeheizten Backofen 20 Minuten backen.
Den Rand der Springform vorsichtig lösen und die Reistorte auf eine vorgewärmte Platte stürzen.
Mit den beiseite gelegten Beeren und Nüssen verzieren. Sofort auftragen, das Beerenpüree dazu reichen.

Getränke – mit und ohne Geist

Holunderbeerenpunsch

Heißer Holunderbeerensaft ist ein altbewährtes Hausmittel gegen Erkältungskrankheiten. Ein Punsch aus Holunderbeerensaft ist ausgesprochen gesund.

½ l Holunderbeerensaft (mit dem Dampfentsafter gewonnen oder aus Sirup oder tiefgefroren)
¼ l schwarzer Tee · ½ Zimtstange
3 Gewürznelken · ¼ Teel. gemahlener Ingwer
2–3 Eßl. Honig

Zubereitungszeit: 20 Minuten

Den Holunderbeerensaft zusammen mit dem durchgesiebten Tee erhitzen. Die Gewürze dazugeben und 5–10 Minuten mitziehen lassen. Dann die Zimtstange und die Gewürznelken herausnehmen, nach Geschmack mit Honig süßen. Den Punsch so heiß wie möglich schluckweise trinken.

Holunderblütensekt

Mein erster Versuch endete mit Scherben und einer großen Pfütze. Die Mineralwasserflaschen hatten den Druck nicht ausgehalten. Seitdem sammle ich Sektflaschen mit Plastikkorken, um dieses köstliche und erfrischende Getränk zu brauen.

30–40 Holunderblütendolden · 5 l abgekochtes Wasser
¼ l Weinessig · 400 g Zucker
2 Zitronen (unbehandelt)

Zubereitungszeit: 30 Minuten
Ansetzzeit: 7 Tage

Die Holunderblütendolden gründlich auf Insekten untersuchen, kurz mit kaltem Wasser abspülen.
In einem großen Steinguttopf das Wasser und den Essig mit dem Zucker verrühren, bis er sich vollständig aufgelöst hat.
Die gewaschenen und in Scheiben geschnittenen Zitronen und die Holunderblütendolden hineingeben und 7 Tage zugedeckt an einem warmen Platz stehen lassen, gelegentlich umrühren.
Danach die Holunderblüten und die Zitronenscheiben aus dem Ansatz nehmen, die Flüssigkeit durch einen Kaffeefilter laufen lassen und in gut gereinigte Sektflaschen füllen. Den Flaschenhals frei lassen. Fest verkorken und verdrahten wie Sektflaschen. Im Keller liegend aufbewahren. Nach 2–3 Wochen bildet sich die Kohlensäure, die das Getränk wie Sekt schäumen läßt.

Akazienlikör

Die duftenden Akazienblüten pflückt man im Juni, wenn sie frisch aufgeblüht sind. Ältere Blüten fallen leicht auseinander. Auch sollte man darauf achten, daß sie noch keinen Regen abbekommen haben, damit ihr Aroma voll zur Geltung kommt.

125 g Akazienblüten · 1 l Weingeist (50%)
500 g Zucker · ¼ l Wasser

Zubereitungszeit: 1 Stunde
Ansetzzeit: 8 Tage

Die Akazienblüten 1 Stunde auf Packpapier ausbreiten, damit sich eventuell darin befindliche Insekten entfernen. Die Blüten dürfen auf keinen Fall gewaschen werden. Die Blüten zusammen mit dem Weingeist in eine Flasche füllen und 8 Tage an einen sonnigen Platz stellen. Anschließend die Flüssigkeit durchsieben.
Den Zucker mit dem Wasser in etwa 30 Minuten zu Sirup kochen. Mit dem von den Blüten abgegossenen Weingeist vermischen, durch einen Kaffeefilter gießen und in Flaschen füllen. Gut verschließen.

Mein Tip
Auch ausgebacken wie Holunderblüten (Rezept Seite 52) schmecken Akazienblüten vorzüglich.

Frühlingskräutercocktail Suprême

500 g Wildkräuter wie Bärlauch, Beinwell,
Brennesseln, Brunnenkresse, Erdbeerblätter,
Löwenzahn, Sauerampfer, Vogelknöterich,
Vogelmiere, Weiße Melde, Wiesenkerbel,
Wiesenschaumkraut · 1 Zitrone (unbehandelt)
1 Orange (unbehandelt) · 2–3 Eßl. Honig nach
Geschmack · 1 l Apfelsaft

Zubereitungszeit: 45 Minuten

Die Kräuter waschen und abtropfen lassen, dicke
Stengel entfernen, die Blätter grobhacken.
Eine Tasse gehackte Kräuter beiseite stellen, die übri-
gen in einem Topf mit ½ l Wasser zum Kochen bringen. Die dünn abgeschälten Schalen von Zitrone und
Orange hinzufügen. Bei schwacher Hitze 20 Minuten
kochen lassen.
Danach die Schalen herausnehmen und die Flüssigkeit mit den Kräutern durch ein Sieb streichen oder
im Mixer pürieren.
Nach dem Abkühlen auf weniger als 40 °C mit dem
Honig süßen. Den Saft der Zitrone und der Orange
zufügen.
Die beiseite gestellten rohen Kräuter feinhacken oder
mit etwas Apfelsaft im Mixer pürieren. Zur übrigen
Flüssigkeit geben. Mit dem Apfelsaft vermischen und
1 Stunde in den Kühlschrank stellen.

Rosenlikör

50 rosa Heckenrosenblüten · 10 g Weinsteinsäure
(aus der Apotheke) · ¼ l Wasser · 500 g Zucker
½ l Weingeist (38%)

Zubereitungszeit: 1 Stunde
Ansetzzeit: 24 Stunden

Die frisch gepflückten Rosen entblättern. Die Weinsteinsäure in ¼ l Wasser auflösen, mit den Rosenblät-
tern in eine Ansetzflasche geben und 24 Stunden ziehen lassen.
Den Zucker kalt in dem Weingeist auflösen. Den Ro-
senansatz durch ein Haarsieb gießen, mit dem Weingeist vermischen. Durch einen ziehharmonikaartig ge-
falteten Kaffeefilter in eine Flasche filtern und verkorken.

Dieser Likör hat ein wundervolles Aroma und eignet
sich zum Trinken ebenso wie zum Aromatisieren von
Süßspeisen. Statt der Heckenrosen kann man auch
30 duftende rosa oder dunkelrote Gartenrosen verwenden; je dunkler die Rosen, desto schöner wird die
Farbe des Likörs.

Beinwellcocktail

Die Heilkraft der Beinwellwurzel wußten schon die
Kräuterkundigen des Mittelalters zu schätzen. Bei
Knochenbrüchen und anderen Knochenverletzungen
fördert sie das Zusammenwachsen. Die Blätter
schmecken angenehm mild. Der Beinwell bevorzugt
feuchte Stellen wie Bachufer und Waldränder, also
Plätze, an denen man auch Giersch und Minze findet,
die man für diesen erfrischenden Cocktail ebenfalls
braucht.

100 g Beinwellblätter · 1 Handvoll Giersch
3 Stengel frisches Basilikum · 1 kleine Zwiebel
6–8 frische Minzeblätter · 1 Apfel
0,7 l Apfelcidre · Meersalz
2–3 Eßl. Honig nach Geschmack

Zubereitungszeit: 30 Minuten

Den Beinwell, den Giersch, das Basilikum und die
Minze waschen und abtropfen lassen. Die groben
Stiele entfernen, die Blätter feinhacken.
Die Zwiebel schälen und feinreiben.
Den Apfel schälen, vom Kernhaus befreien und in
kleine Würfel schneiden.
In einer Schüssel die Kräuter mit der Zwiebel und
dem Apfel vermischen. Eine Tasse dieser Mischung
mit ½ Tasse Apfelcidre in den Mixer geben und pürieren, in eine Kanne gießen. Die übrige Kräutermi-
schung mit dem restlichen Apfelcidre jeweils in kleinen Portionen pürieren, damit sich die Kräuter gut
mit dem Saft verbinden und nicht oben schwimmen.
Mit dem restlichen Apfelcidre verdünnen, gut verrühren, mit Salz und Honig nach Geschmack verfeinern.

Register

Kursiv gesetzte Seitenzahlen verweisen auf Farbbilder.

Vollwertig ernähren – naturgemäß heilen.

Ingrid Früchtel
Das große Vollkorn-Kochbuch
Hier wird gezeigt, wie Sie mit Vollgetreide und naturbelassenen Nahrungsmitteln ganz besonders köstlich kochen können. Mit praktischen Tips für den Einkauf und mit hilfreichen Hinweisen für spezielle Küchengeräte. 132 Seiten, großformatige Farbtafeln. Farbiger Glanzeinband.

Ingrid Früchtel
Das neue vegetarische Kochbuch
Die besten vegetarischen Rezept-Ideen, von Rohkost und Suppen über raffiniert-pikante Hauptgerichte bis zu Süßspeisen und Eis. Mit speziellen Tips für richtiges Einkaufen, Zubereiten und Küchengeräte. Menüvorschläge runden den Rezeptteil ab. 132 Seiten, großformatige Farbtafeln. Farbiger Glanzeinband.

Ingrid Früchtel
Das große Vollkorn-Backbuch
Das große Spezialbuch für alle, die gerne vollwertig backen – mit naturbelassenen

Lebensmitteln. Alles gelingt und schmeckt köstlich: Brot, Kuchen, Plätzchen, Strudel, Waffeln, pikantes Backwerk und vieles mehr. Viele Tips aus der Praxis – zu Getreidemühlen, Backgeräten und Zutaten – machen das Backen leicht. 132 Seiten, großformatige Farbtafeln. Farbiger Glanzeinband.

Eva Rittinger
Das biologische Vollwert-Kochbuch
Der komplette Ratgeber der biologischen Ernährung. Mit den besten Rezept-Ideen für Salate, Rohkost, Gemüse und Wildgemüse, für Hülsenfrüchte, Kartoffeln, Getreide, Brot, Kuchen, Gebäck und Desserts. So zubereitet, bleiben die wertvollen Inhaltsstoffe der Nahrungsmittel erhalten. Mit Informationen über Ausgewogenheit und richtige Zusammensetzung der Nahrung aus naturbelassenen Lebensmitteln. 132 Seiten, großformatige Farbtafeln. Farbiger Glanzeinband.

Apotheker Mannfried Pahlow
Das große Buch der Heilpflanzen
Der Heilpflanzen-Ratgeber unserer Zeit – das Lebenswerk des Heilpflanzenexperten Apotheker Pahlow. Er beschreibt und erklärt 400 einheimische und fremdländische Heilpflanzen, über deren Inhaltsstoffe, Heil- und Nebenwirkungen wissenschaftliche Erkenntnisse vorliegen oder deren therapeutische Wirksamkeit sich in der Praxis bestätigt hat. Dieses Standardwerk sagt ganz genau, bei welchen Beschwerden welche Heilpflanzen helfen und wie man Tees, Bäder, Spülungen und Inhalationen richtig zubereitet und anwendet. Auch die Verwendung der Heilpflanzen in der Homöopathie wird genau beschrieben (mit Angabe der homöopathischen Dosierung). 500 Seiten, 500 Farbfotos und Zeichnungen. Lexikonformat.

Apotheker Mannfried Pahlow
Meine Heilpflanzen-Tees
Erprobte Teemischungen, die sich bei der Behandlung der

häufigsten Erkrankungen und Alltagsbeschwerden bewährt haben. Mit Spezial-Teemischungen für Kinder und Jugendliche sowie Blutreinigungstees für eine Frühjahrs- und Herbstkur. 122 Seiten, 30 Farbfotos.

Apotheker Mannfried Pahlow
Meine Hausmittel
Altbewährte Naturheilmittel, die sicher helfen. Aus der Hausmittel-Sammlung von Apotheker M. Pahlow. Mit Rat für die richtige Anwendung von Einreibungen, Wickeln, Umschlägen sowie Rezepturen für Salben, Öle, Medizinalweine zum Selbermachen. 64 Seiten, 30 Zeichnungen. Paperback.

GU
Gräfe und Unzer